U0129291

延安作家思想改造之考察

—以何其芳、丁玲為中心

呂 晴 著

文 史 哲 學 集 成
文史哲出版社印行

國家圖書館出版品預行編目資料

延安作家思想改造之考察：以何其芳、丁玲為中心 / 呂晴著--初版-- 臺北市：文史哲, 民 105.03

頁； 公分（文史哲學集成；682）

ISBN 978-986-314-289-8（平裝）

1.中國文學 2.文學評論

820.7 105004038

文史哲學集成 682

延安作家思想改造之考察
以何其芳、丁玲為中心

著者：呂晴

出版者：文史哲出版社

http:// www.lapen.com.tw

e-mail：lapen@ms74.hinet.net

登記證字號：行政院新聞局版臺業字五三三七號

發行人：彭正雄

發行所：文史哲出版社

印刷者：文史哲出版社

臺北市羅斯福路一段七十二巷四號

郵政劃撥帳號：一六一八〇一七五

電話 886-2-23511028 ‧ 傳真 886-2-23965656

定價新臺幣三〇〇元

二〇一六年（民一〇五）三月初版

ISBN 978-986-314-289-8 00682

本書提要

本書重點考察延安作家接受思想改造的倫理脈絡。

在延安整風運動開始之前的幾年裏，由於延安政權對延安作家採取放任式的管理，故政治上從屬延安政權經濟上依賴延安政權的延安作家尚可在一種脆弱的基礎上大體保持原有的創作方式。延安作家希望以自主的意志實現文藝對政治的配合與對政治權力的監督。

延安文學家對政治權力的批評標準主要來源於自我犧牲觀念和人權觀念特別是其中平等觀念的混合，這些標準大多也是中國共產黨的標準，在相互的批評中雙方呈現出一種道德競標的態勢。

本書以何其芳為個案分析了在個人主義者轉向集體主義的過程中起作用的諸種思想因素。何其芳首先由當時京派非常普遍的藝術象牙塔氛圍中的個人主義者轉變為一個羅曼·羅蘭式的個人主義者 — 以自由個人的身份,在保持精神自由的同時,致力於中國社會的改造。何其芳這種對現實的參與態度使他與京派舊友那種類似置身事外的“客觀”“獨立”拉開了距離。他從自己曾深陷其中的兩難處境邁出了決定性的第一步。與羅曼·羅蘭清楚地意識到個人自由必須以“思想的孤獨為代價”不同，何其芳渴望同伴。他進入延安之後,很快就淹沒在置身同伴海洋的快樂之中，成為中國共產黨組織的一顆螺絲釘。他在赴延安途中還希望保持的對延安政權的“批判的自由”，其實在很大程度上是由他的自負支撐，而他主要因自己的文學修養而撐起的自負，進入意識形態領域後根本無能與中共意識形態權威對抗，他所認可的“批判的自由”已由一種包含有相當個人權利成分的東西轉化為中國共產黨的批評與自我批評，成為中國共產黨維持自身活力機制的一部分。

延安作家的平民化傾向包含有三種動力：戰爭動員及社會動員的需要;知識份子投身于“抵抗主體”、“歷史發展動力”的渴望；與民眾的苦難相對應的知識份子自我犧牲的情感需要，它有具有精神貴族道德上自我實現的成分，具有走向精神煉獄的潛在趨勢。

毛澤東要求延安知識份子進行思想改造的前提是後者共同具有自我犧牲的道德要求，毛澤東的批評邏輯是延安知識份子未能達到他們自己所主張的自我犧牲標準，未能為工農大眾奉獻大部或全部的自己，依然保留了相當程度的個人利益和個人情感，故需要思想改造。延安知識份子在整風中的相互批判大都是此種邏輯的翻版或放大版，自我犧牲、平民化這兩種從三十年代以來一直在左翼知識份子身上演進發展的思想觀念，在延安整風中成為延安領導層與延安作家共同競逐的道德制高點，延安作家只有在這場道德競走運動中奮力奔行，才能抵達思想改造的彼岸。上述兩種思想觀念也由此被推向極端，而自我犧牲原本具有的崇高色彩被有意無意地抹去，代之以“為人民服務”的意識。與此同時，延安知識份子以道德自我實現的方式完成了思想改造，適應了時代賦予他們的新的角色、新的思維方式和生活方式。

在這一轉變過程中，顯示出延安知識份子的雙重身份。在意識形態上，他們是意識形態序列上地位低於工農的有待改造的小資產階級知識份子，在現實中，他們依然是工農群眾的教育者組織者，其改造的主要動力——自我犧牲也自始至終地體現了他們作為精神貴族的本質。

本書還對自我犧牲觀念在建國後的際遇作了延伸性的考察。

以自我犧牲為中心內容的道德標準在建國前大多局限於共產黨員、黨內知識份子群體範圍，這是當時中共革命面臨的社會結構所決定的。自我犧牲標準向民眾層普及是在中國共產黨取得全國政權以後，以學習雷鋒精神為標誌，以中國民間的報恩思想為橋樑，自我犧牲過渡為對民眾層的要求。自我犧牲標準最終發展成“共產主義道德”體系，以“公”的名義對“私”權利作了空前程度的抑制，適應當時國家建設的方式，成為中華人民共和國國民倫理的核心內涵，在這種意義上，自我犧牲標準的普及運動亦可視為五四時期“國民性改造”主題的延續。

延安作家思想改造之考察

— 以何其芳、丁玲為中心

目　　次

第一章　延安文藝座談會前延安作家的思想狀況

第一節　文學與政治的關係

對於抗日戰爭時期作家對文學與政治的關係的認識，文學史家王瑤有過如下闡述：

> 一個弱國抵抗強國的侵略，要徹底打擊武器兵力優勢的敵人，唯有廣大的激勵人民的敵愾，發動大眾的潛力。……文藝為“抗戰”這一時代的最大“政治”服務，強調文學的“工具”性，重視文學宣傳、教育、鼓動以致組織功能，這構成了四十年代文藝思潮的主流，一直持續整個抗戰時期文藝之中。[1]

1 王瑤《中國新文學大系・文藝理論卷一・王瑤序》，頁 2，上海文藝出版社，1984 年。

> 當時許多理論家在強調文學藝術的“工具”性質時，也強調不可忽視文學藝術這一特殊“工具”的特點，以及提高作品藝術性的必要。……即充分發揮文藝的特性(即所謂藝術性），來達最大限度的政治宣傳效果。[2]

抗戰初期大多數中國作家都捲入了以文學為武器的抗戰動員的高潮。李歐梵稱這些以通訊、街頭演講、朗誦詩、街頭演劇、短篇小說等形式的作品為“愛國熱血文學”。在這種抗戰初期的“愛國熱血文學”的熱潮稍稍冷卻以後，延安作家開始重新思考抗日戰爭中的文學的位置。

1938 年 8 月，何其芳從成都到延安，在延安魯藝任教師，翌年 11 月率魯藝學生隨賀龍 120 師赴冀中敵後根據地實習，同年秋天返回延安。何其芳赴延安的最初目的是為寫戰地通訊獲得戰爭體驗創作材料，但是在預想和現實之間有很大的距離，何其芳在寫作數篇不成功的通訊之後，停止了戰地通訊的創作，回歸表現自己內心感受的詩歌創作。

發表於 1939 年 11 月的《論文學上的民族形式》，從一個側面顯示了何其芳這個時期對於文學使命的思

2 王瑤《中國新文學大系・文藝理論卷一・王瑤序》，頁 3。

考。要約如下：

> 在現階段，文學應作為大眾動員的工具為抗日戰爭為革命服務。但這並非文學使命的全部，文學是社會分工之一，向較高的水準發展是必要的。另外，小資產階級知識份子參加抗戰，是人民的一部分，以小資產階級知識份子為對象的具有較高藝術水準的文學作品具有存在的理由。而且，文學作為戰爭動員的工具，有很大的限度，對於占全國人口 80%以上的文盲，文學所能起到的動員作用很小。所以，大眾化應分為現在和將來兩個階段，在現階段，用於戰爭動員的藝術性多少不拘的通俗作品是很有必要的，在將來階段，隨著大眾的文化水準和鑒賞水準的提高，應能夠欣賞具有較高藝術水準的文學作品。[3]

從以上觀點，可以看出，何其芳的文學觀是政治和藝術兩軸分立，而當時中國共產黨很重視小資產階級知識份子的作用，也在意識形態層面支撐著何其芳的文學觀。

何其芳的這篇論文是毛澤東提出“民族形式”、

---

3 何其芳《論文學上的民族形式》，載《文藝戰線》一卷第 5 號。

“中國氣派”的概念引起的問題討論中的一篇。毛澤東在 1938 年《中國共產黨在民族戰爭中的地位》中寫道：

> 洋八股必須廢止，空洞抽象的調頭必須少唱，教條主義必須休息，而代之以新鮮活潑的、為中國老百姓所喜聞樂見的中國作風和中國氣派。把國際主義的內容和民族形式分離起來，是一點也不懂國際主義的人們的做法，我們則要把二者緊密地結合起來。

這段話的本意是批評黨內的左傾教條主義，而延安文藝界則將其中的“民族形式”、“中國氣派”的概念應用於文藝領域。但因為毛澤東並沒有提出更具體的內涵，圍繞如何理解這些概念，在延安和重慶的文藝界引起了相當規模的爭論。

從圍繞“民族形式”進行論辯的作家的視點來看，“民族形式”、“中國氣派”並不僅僅是反對形式主義，而應該是在世界各國的文學文化中存立、並且不輸給世界優秀文學文化的東西。這種意思被包含在毛澤東文章自身的邏輯之中。從何其芳的角度理解，“中國老百姓喜聞樂見”的作品與上述意思的“民族形式”、“中國氣派”，在現階段只能處於分立的狀態，兩者的統一須以待將來。因此，以大眾動員為目的的通俗文學作品與以知識份子為讀者的藝術水準較高的文學作品在當前只能同時存在了。延安文藝界在延安整風開始之前的幾年裏一直追問為什麼中共根據地沒能誕生高爾基、愛倫堡，這種追問得以成立的前提，就是延安文藝界對於中共根據地能夠產生這種高水準的文學作品的期待。

在這種觀念的基礎上，何其芳停止了戰地通訊的寫作，在轉而主張"寫熟悉的題材"、"知識份子出身的作者最好寫知識份子"、"知識份子題材的作品也可以反映中國"之餘，何其芳寫作了一連串的詩歌，如《夜歌》，表現在新的環境中的新的自我。

延安"文抗"作家群的代表人物丁玲，在抗戰初期作為八路軍"西北戰地服務團"團長積累了戰爭動員的經驗，這一時期丁玲的作品幾乎全部是有關戰爭動員的通訊、劇本、小說。在抗戰最初的兩三年過去之後，丁玲明顯減少了寫作直接用來做戰爭動員的作品，從 1940 年到 1942 年初，丁玲創作了《我在霞村的時候》、《在醫院中時》以及為數不少的雜文，在延安文學界掀起了小規模的"雜文運動"。丁玲在這些作品和文學活動中，表現出比在直接的戰爭動員作品中更深刻的思考。

周揚晚年在回答記者提問時說，當時延安文藝界有兩派，一派是以魯藝為代表，以周揚為首，包括何其芳，一派以文抗為代表，以丁玲為首，魯藝這一派的人主張歌頌光明，而文抗這一派主張要暴露黑暗。丁玲對於周揚說自己是延安文學界"暴露黑暗"的首領這一說法非常反感，予以堅決的否認。但在上世紀四十年代初的延安，首先提倡以魯迅式的雜文為武器批判中共內部的落後現象與陳腐意識的作家是丁玲，寫作相關作品最多的作家也是丁玲。而且，丁玲在這些作品中表現出的思想深度，比之其他寫作“暴露黑暗”類作品的作家如艾青、蕭軍、羅峰等要深邃一層。艾青、羅峰在晚年的回憶文章中都提到自己寫“暴露黑暗”的文章與丁玲約稿的關係。實際上，可以認為，丁玲以自己在延安文學界的領袖地位及延安最具影響力的文藝出版物《解放日報·文藝版》主編的位置，呼籲、組織起了 1940 年代初延安的“雜文運動”。

丁玲的《我在霞村的時候》對中共根據地農民的傳統貞操觀念的批判，令人想起“五四”時期“人的啟蒙”。時代發生了變化，文學所處的環境和啟蒙的對象也發生了很大的變化，“五四”時期的啟蒙文學在中國沿海城市發生，它的啟蒙對象是城市市民、學生及知識份子，與此相對，進入內陸農村地區的延安作家不得不意識到自己的啟蒙對象必須是農民。關於延安作家所置身的環境，周揚在 1940 年的《對利用舊形式的文學上的一個觀點》中作了以下概括：

> 抗戰給新文藝換了一個環境，新文藝的老巢，隨大都市的失去而失去了，廣大農村與無數小市鎮幾乎成了新文藝的現在唯一的環境。這個環境雖然是比較生疏的、困難的，

> 但除它以外也找不到別的處所，它包圍了你，逼著你和它接近，要求你來改造它。[4]

丁玲在《我在霞村的時候》中表露出改造西北內陸農民思想的意圖，《我在霞村的時候》中對農民落後意識的批判的基準，包含了相當程度的新文學運動“人的啟蒙”的內容。問題在於，丁玲如何將《我在霞村的時候》所表現的啟蒙思想傳遞給她所批判的落後意識的擁有者 — 嘲笑作品主人公貞貞的村婦們呢？換句話說，也就是延安作家以怎樣的方式跨越文學作品和文字的障礙將啟蒙思想傳遞給目不識丁的農民？即便跨越了文字與文學形式的障礙，在延安作家頭腦中的西方近代思想與宛如中世紀般的西北內陸農民的思想之間的距離面前，“人的啟蒙”又能起到多大的作用？

1940 年前後，丁玲意識到自己作品的讀者也發生了變化。抗戰初期，寫作致力於戰爭動員的通信、劇本、小說的時候，她意識到的自己作品直接或間接的讀者，包含了農民和農民出身的士兵。然而在寫作《我在霞村的時候》的時候，很難認為丁玲會將農民作為這篇作品的讀者。而《在醫院中時》、《我們需要雜文》、《幹部衣服》、《三八節有感》等批評中共內部封建殘餘意識的作品，則明確無疑地不是以根據地的農民，而是以

4 周揚《周揚文集》第一卷，頁 300，人民文學出版社，1984 年。

延安的青年學生、知識份子、中共黨員幹部為讀者對象。在這一時期，丁玲批評中共內部封建意識封建習慣的作品數量遠多於其批評普通農民封建意識的作品。

就思想啟蒙而言，在無法以先進思想直接啟蒙民眾的時候，首先"啟蒙"作為先進思想與民眾之間的橋樑的中共黨員幹部，甚為必要。從中共黨員是無產階級先鋒隊的角度看，糾正中共黨員頭腦中的封建意識封建習慣，也是革命的重要事項。

丁玲在 1941 年 1 月寫下了這樣一段文字：

> 魯迅先生因為要從醫治人類的心靈下手，所以放棄了醫學而從事文學。因為看准了這一時代的病症，須要最鋒銳的刀刺，所以從寫小說而到雜文。……即使在進步的地方，有了初步的民主，然而這裏更須要督促，監視，中國所有的幾千年來的根深蒂固的封建惡習，是不容易剷除的，而所謂進步的地方，又非從天而降，它與中國的舊社會是相連結著的。[5]

因此，丁玲向延安的中共幹部、知識份子發出了《我們需要雜文》的呼籲。

5 丁玲《我們需要雜文》，《丁玲文集》第四卷，頁 382，湖南人民出版社，1983 年。

這波針對中共內部的封建意識封建習慣的批評，在1942 年春發展為頗具規模的運動。處在運動中心位置的王實味稱之為“靈魂的改造”。[6]

王實味在《政治家・藝術家》中寫道：

> 舊中國是一個包膿裹血的，充滿著骯髒與黑暗的社會，在這個社會裏生長的中國人，必然要沾染上它們，連我們自己——創造新中國的革命戰士，也不能例外。這是殘酷的真理，只有勇敢地正視它，才能瞭解在改造社會制度的過程中，必須同時更嚴肅更深入地做改造靈魂的工作，以加速前者底成功，並作它成功底保證。[7]

王實味的“靈魂的改造”，其改造的方向是造就一種為理想犧牲個人自我的精神，近似於後世的“大公無私”的精神。[8]革命者行為的動機和目的，不是為了革命者個人的利益，而是為了全體人民的利益，並且是不惜以犧牲革命者個人利益為手段，達成全體人民利益的目

---

6 王實味《政治家・藝術家》,《抗日戰爭時期延安及各抗日民主根據地文藝運動資料（上)》，頁 352，知識產權出版社，2010 年 2 月。

7 王實味《政治家・藝術家》，《抗日戰爭時期延安及各抗日民主根據地文藝運動資料（上）》，頁 350。

8 王實味《政治家・藝術家》，《抗日戰爭時期延安及各抗日民主根據地文藝運動資料（上）》，頁 341。

的。

王實味的“靈魂的改造”思想，可以說是魯迅“國民性改造”的延伸。與“五四”時期的魯迅對中國社會所持的悲觀認識不同，王實味延續了魯迅《摩羅詩力說》時期的比較積極的“國民性改造”思想，在一群比較優秀的中國人 — 中共革命者的範圍內，魯莽地推進一場以思想文化、道德為社會改造基礎的“靈魂的改造”。

另外，在王實味看來，這場“靈魂的改造”的主導權應該握在藝術家手裏，而不是政治家手裏。

“政治家，是革命的戰略策略家，是革命力量的團結、組織、推動和領導者，他的任務偏重於改造社會制度。藝術家，是‘靈魂底工程師’，他底任務偏重於改造人底靈魂。”[9]

“政治家必須熟諳人情事故，精通手段方法，善能縱橫捭闔。弱點也就從這些優點產生：在為革命事業而使用它們的時候，它們織成最美麗絢爛的‘革命底藝術’，但除非真正偉大的政治家，總不免多少要為自己的名譽、地位、利益也使用它們，使革命受到損害。”[10]

到了這個階段，延安作家對中共內部的封建意識的批判已然具有政治批判、對政治的輿論監督的性質。

---

9 王實味《政治家・藝術家》，《抗日戰爭時期延安及各抗日民主根據地文藝運動資料（上）》，頁 348。

10 王實味《政治家・藝術家》，《抗日戰爭時期延安及各抗日民主根據地文藝運動資料（上）》，頁 349。

文藝為政治服務佔據了文藝與政治關係的主要部分，但這並非延安作家們所懷有的文學使命感的全部。文藝服從政治，也並不意味著延安作家對於政治家的服從。在延安整風之前，對於延安作家，特別是那幾位享有一定名聲的作家，文藝服從政治，乃是作家們的意志所自發，而不是中共政治家的命令。這一作家獨立性的問題，成為後來延安文藝座談會上黨外作家與中共領導層的一個爭論點。

據《胡喬木回憶毛澤東》記載，在延安文藝座談會上，緊接毛澤東發言的蕭軍說：作家要有“自由”，作家是“獨立”的，魯迅在廣州就不受哪一個黨哪一個組織的指揮。毛澤東的秘書胡喬木反駁說，文藝界需要有組織，魯迅當年沒受到組織的領導是不足，不是他的光榮。歸根到底，是党要不要領導文藝，能不能領導文藝的問題。對於胡喬木的反駁，毛澤東很高興，會後招待胡喬木吃飯，說是展開了鬥爭。[11]

何其芳回憶毛澤東的文章《毛澤東之歌》中，記載了一位未舉名的作家在延安文藝座談會上的發言。

“某個發言者說‘紅蓮、白蓮、綠葉是一家，儒家、道家、釋家是一家；黨內人士、非黨人士、進步人士是一家；政治、軍事、文藝也是一家。既然各是一家，它們的輩分是平等的，誰也不能領導誰。’”[12]

---

11 胡喬木《胡喬木回憶毛澤東》，頁54，人民出版社，1994年。

12 何其芳《毛澤東之歌》，《何其芳文集》第三卷，頁84。

“某個發言者……說不但要成為中國第一作家，還要成為世界第一作家。還說魯迅一直是革命的，沒有什麼轉變。”[13]

“紅蓮”的發言者推測是蕭軍，在延安自稱要當中國第一、世界第一的作家就只有蕭軍。蕭軍還聲稱中共不能領導作家。[14]

艾青在延安文藝座談會上也有自己的主張：

> 在為同一目的進行艱苦奮鬥的時代，文藝應該（有時甚至必須）服從政治，因為後者必須具備了組織和彙集一切力量的能力，才能最後戰勝敵人。但文藝並不就是政治的附庸物，或者是政治的留聲機和播音器。文藝和政治的高度的結合，表現在文藝作品的高度的真實性上，愈是具有高度的真實性的文藝作品，愈是和一定時代的進步的政治方向一致。……我們對於文藝作者要求盡職的是：永遠忠於現實，用自己全部智慧去和現實結合，隨著在發展和變化的現實一同發展和變化。
>
> 所謂藝術價值，即是指那些作品所包含的形象的豐富與真實——這是每一個真正的

13 《何其芳文集》第三卷，頁 88。

14 《蕭軍紀念集》，頁 160，春風文藝出版社，1990 年。

> 藝術家所曾經使自己痛苦和快樂的基本的東西，也是他用來使自己效忠於他的政治理論的東西。[15]

對於艾青來說，真實性的標準是第一位的，只有通過文藝的真實性，文藝家才能與時代進步的政治方向保持一致。言外之意，如果某種政治方向與真實性的標準不一致，該政治方向就是反進步的或是非進步的。在艾青的觀念裏，文藝服從政治，完全是基於文藝家自主的判斷，什麼時候服從，服從到什麼程度，與政治家的意志無涉。

第二節　自我犧牲中的自我要求與被要求

王實味在《野百合花》中將延安的“等級制度”作為延安的“黑暗”進行了批判。這裏的“等級制度”是指中共內部上下級之間在供給制條件下生活待遇的差別。王實味否定此種差別的理由如下：

> 我們今天還在艱難困苦的革命過程

15 艾青《我對於目前文藝上的幾個問題的意見》，《艾青全集》第五卷，頁 385-387，花山文藝出版社，1991 年。

> 中，大家都是拖著困憊的驅體支撐著煎熬，許許多多人都失去了最可寶貴的健康，因此無論誰，似乎都還談不到“取值”和“享受”；相反，負責任更大的人，倒更應該表現與下層同甘苦（這倒是真正應該發揚的民族美德）的精神，使下層對他有衷心的愛，這才能產生真正的鐵一般的團結。當然，對於那些健康上需要特殊優待的重要負責者，予以特殊的優待是合理的而且是必要的。一般負輕重要責任者，也可略予優待。關於二，三三制政府的薪給制，也不應有太大的等差，對非党人員可稍優待，黨員還是應該保持艱苦奮鬥的優良傳統，以感動更多的黨外人士來與我們合作。[16]

王實味批評延安不良現象的標準，正是中共自己提倡的“艱苦奮鬥的優良傳統”，其實質，是在嚴酷的環境中革命者為實現革命理想放棄部分個人權利個人利益的自我犧牲精神。在《野百合花》中，王實味讚美一個為革命理想犧牲生命的女共產黨員李芬聖潔的殉道者形象，說“自己曾不止十次二十次地從李芬同志底影子汲

16 王實味《野百合花》，《抗日戰爭時期延安及各抗日民主根據地文藝運動資料（上）》，頁 342，山西人民出版社，1983 年。

取力量、生活的力量和戰鬥的力量”，[17]可以看出，這個自我犧牲的標準，其實也是王實味自我標榜中的自我要求的標準。

丁玲的短篇小說《在醫院中時》描寫了兩類人物，一類是具有小市民愚昧自私屬性的指導員黃守榮、文化教員張芳子等，一類是熱情忘我地獻身革命工作的小說主人公陸萍，從丁玲對這兩類人態度的不同，可以清晰地感到丁玲所秉持的與王實味類似的自我犧牲的標準。

文革中被作為“老三篇”之一的全國人民都需學習的毛澤東寫於 1939 年的文章《紀念白求恩》中有這樣一段話：“白求恩同志毫不利己專門利人的精神，表現在他對工作的極端的負責任，對同志對人民的極端的熱忱。每個共產黨員都要學習他。不少的人對工作不負責任，拈輕怕重，把重擔子推給人家，自己挑輕的。一事當前，先替自己打算，然後再替別人打算。出了一點力就覺得了不起，喜歡自吹，生怕人家不知道。對同志對人民不是滿腔熱忱，而是冷冷清清，漠不關心，麻木不仁。這種人其實不是共產黨員，至少不能算一個純粹的共產黨員。……每一個共產黨員，一定要學習白求恩同志的這種真正共產主義者的精神。”[18]

17 王實味《野百合花》，《抗日戰爭時期延安及各抗日民主根據地文藝運動資料（上）》，頁 341。

18 毛澤東《紀念白求恩》，《毛澤東選集》，頁 160，人民出版社，1972 年。

毛澤東對白求恩的讚揚正好與丁玲對陸萍的讚美式描寫對應，毛澤東對工作拈輕怕重、凡事先替自己打算、對同志對人民漠不關心的同志的批評，恰與丁玲對黃守榮張芳子的批評、王實味蕭軍對革命同志間欠缺“同志愛”[19]的指責相對應。王實味在《野百合花》批評的“作非常不必要不合理的‘享受’”的“有些頗為健康的‘大人物’”以及一邊高唱“階級友愛”一邊對下級毫無“關心”和“愛”、“自私自利”的幹部[20]，當用這種自我犧牲的標準衡量時，都處在李芬的反面。

在此引用一下 1945 年中共第七次代表大會通過的《中國共產黨黨章》：

> **中國共產黨要求自己的每一個黨員，積極地自我犧牲地進行工作，以實現黨的綱領和黨的一切決議，達到中國民族與中國人民的徹底解放。**

由此可知，王實味、丁玲批評延安不良現象時所使用的自我犧牲的標準，其實就是中國共產黨要求黨員的標準，王實味、丁玲基於此種標準，對中共一部分幹部

19 蕭軍《論同志的「愛」與「耐」》，《蕭軍全集》第十一卷，頁 534-537，華夏出版社，2008 年。

20 王實味《野百合花》，王實味《野百合花》，《抗日戰爭時期延安及各抗日民主根據地文藝運動資料（上）》，頁 342-348。

不符合此標準的行為思想進行批評。

王實味、丁玲、毛澤東的上述文章中，自我犧牲標準之外，還能見到“愛”、“同志愛”、“階級友愛”，這也是王實味、丁玲、毛澤東批評延安不良現象時使用的重要的標準。

王實味提倡的“愛”後來被當作資產階級的“人性愛”批判。中共正統的人性理論認為，“在階級社會裏就是只有帶著階級性的人性，而沒有什麼超階級的人性”，“在階級社會裏，也只有階級的愛”，但是有些同志“卻要追求什麼超階級的愛，抽象的愛，以及抽象的自由、抽象的真理、抽象的人性等等。這是表明這些同志是受了資產階級的很深的影響”，[21]然而，王實味是在中共陣營內部提倡“愛”，這種“愛”與同一階級陣營範圍內的“同志愛”並無相違，也就是說，王實味提倡的“愛”、丁玲提倡的“同志愛”和毛澤東讚揚的白求恩“對革命同志對人民極端熱情”是同一個東西。

丁玲的《在醫院中時》，有這樣一句話：

> 革命既然是為著廣大的人類，為什麼連最親近的同志卻這樣缺少愛。

這個疑問，關聯著中共革命的一個原點。多數的知

21 毛澤東《在延安文藝座談會上的講話》，《毛澤東選集》第三卷，頁 809、827，人民出版社，1967 年。

識份子捨棄個人權利犧牲生命參加革命，並不是為了改善自己的生活境遇，而是出於對比自己生活境遇悲慘很多的人的“同情”和“愛”。在丁玲的眼裏，這種對人類的愛，是支撐解放全人類這一革命目的的基礎，眾所周知，大多數人民的幸福、自由、平等之權利的獲得，也是中共革命的目標。

王實味在《野百合花》中這樣寫道：

> 要吃得好一點，要有異性配偶，要生活得有趣，這些都是天經地義。但誰也不能不承認：延安的青年，都是抱定犧牲精神來從事革命，並不是來追求食色的滿足和生活的快樂。[22]
>
> 我們今天還在艱難困苦的革命過程中，大家都是拖著困憊的軀體支撐著煎熬，許許多多人都失去了最可寶貴的健康，因此無論誰，似乎都還談不到“取值”和“享受”；相反，負責任更大的人，倒更應該表現與下層同甘苦（這倒是真正應該發揚的民族美德）的精神，使下層對他有衷心的愛，這才能產生真正的鐵一般的團結。當然，對於那些健康上需要特殊優待的重要負責者，

22　王實味《野百合花》，《抗日戰爭時期延安及各抗日民主根據地文藝運動資料（上）》，頁342。

> 予以特殊的優待是合理的而且是必要的。一般負輕重要責任者，也可略予優待。……對非党人員可稍優待，黨員還是應該保持艱苦奮鬥的優良傳統，以感動更多的黨外人士來與我們合作。[23]

從王實味上述文字中，可以看出其基本觀念：

一、承認人的權利。

二、“艱難困苦的革命過程中”的革命者至少應某種程度地犧牲自己的權利或利益，革命者不應主動追求個人利益。

在理論上，從人人平等的觀念出發，革命者之間在犧牲個人權利方面應該是平等的，個人權利犧牲出去一部分之後剩餘下的權利，應該也是平等的。在這種人的平等意識與革命者意識的混雜中，王實味認為，下級不應該比上級付出更多的犧牲，“相反，負責任更大的人，倒更應該表現與下層同甘苦的精神”。丁玲則認為，女性不應比男性付出更多的犧牲。[24]在這種人類平等觀念與革命者的自我犧牲觀念混合而成的觀念的支持下，王實味、丁玲在《野百合花》、《三八節有感》中對延安的等級制度進行了批評。其中具有權利與責任的主體與

---

23 王實味《野百合花》，《抗日戰爭時期延安及各抗日民主根據地文藝運動資料（上）》，頁347。

24 丁玲《三八節有感》,《丁玲文集》第四卷，頁388-392。

其說是個人，不如說是革命者。

這裏值得注意的是，丁玲、王實味對於女性的權利、下級的權利的主張，並非要求丁玲、王實味自身作為女性作為下級的權利，而是為自己之外的眾多的女性及普通的下級黨員、幹部代言，丁玲、王實味並沒有違反黨員不應該向黨要求個人利益的原則。

中國共產黨主張自己是為世界上被剝奪了利益的多數人的權利而奮鬥的政黨集團，理論上，中國共產黨並不否認個人權利。黨員本來應與黨外普通人具有同等的權利，但通過結合革命者自我犧牲的責任理念，革命者的個人權利的使用權則讓渡給党，而黨員在現實中實際享有的權利，則是以黨回讓的形式存在，而且不斷地從黨及革命者自身發出要求，要求革命者以人民及革命的名義犧牲它們。

其意正如丁玲在 1982 年寫了一篇題為《增強黨性，去掉邪氣》的文章中的一段話：

> 一個人，一個作家，要擺正自己的位置，我首先是一個黨員，一個革命者。我只有為人民服務的權利，沒有向人民和黨員要伸手的權利。[25]

25 丁玲《增強黨性去掉邪氣》，《我的生平與創作》，頁 116-117，四川人民出版社，1982。

在延安文藝座談會召開期間，艾青不是從個人權利論的角度，而是從文藝創作的角度，即作家只有自由地表現心底裏的真實感情，才能寫作出對於革命具有更大作用的文學作品這一文藝創作規律論的角度，為作家的創作自由進行辯護。在艾青的邏輯裏，創作自由是革命的手段，而非作家個人的權利。

延安時期的中共組織部部長陳雲在 1939 年寫有一篇題為《共產黨員的標準》的文章，其中寫道：

> 每個黨員必須對於民族、對於革命、對於本階級、對於黨，表示無限的忠誠，把個人利益服從於民族的、革命的、本階級的和黨的利益。……但是在革命工作中，在黨的工作中，可能發生黨員個人的利益與黨的利益的不一致。在這樣的時候，每個黨員必須依靠他對革命對党的無限忠誠，堅決犧牲個人利益，服從革命的和黨的整個利益。每個共產黨員，都要把革命的和黨的利益放在第一位，以革命的和党的利益高於一切的原則來處理一切個人問題，而不能把個人利益超過革命的和黨的利益。……黨內有了這樣為革命為黨的利益而犧牲一切的黨員，才能保

證党勝利地完成革命。[26]

從以上的文字可以看出，中國共產黨領導層與延安作家，這兩個群體，在人的權利觀的層次上，是承認包括黨員在內的大多數人的人權的，而且以此種人的權利的實現為革命的目的，但在道德層面上，否定了革命者、黨員主張個人多數權利的資格。於是，革命者、黨員的多數個人權利實際上是被否定了。

上述基於自我犧牲的黨員、革命者倫理，在當時並非是中國共產黨的專利，而是從民族危機深重的清末開始的一種在民族精英層範圍內頗具普遍性的精神現象。抗日戰爭爆發之後，這種自我犧牲的精神高漲到頂點。與清末革命黨、同時的國民黨提倡的自我犧牲相比，中共黨員的個人權利、特別是自由的權利犧牲得更多，具體多到什麼程度，很難準確說明，1944 年訪問延安的國統區著名報人趙超構有這樣一個觀察：

> 一般政治組織所要求的只不過是個人一部分自由之讓與；共產黨所要求于黨員的，則是貢獻百分之九十以上的自由。換作他們自己的說法，就是“一個共產黨員，應該在任何時候，任何問題上，都要估計到黨

26 《延安文萃》，頁 44，北京出版社，1984 年。

的整個利益，都要把黨的利益擺在前面，把個人的問題，個人的利益擺在服從地位。”[27]

在延安整風以前，延安作家奉獻的個人自由，主要是行動自由，思想上的自由還有相當保留，在與文學創作相關的領域，在一些涉及意識形態的領域，幾個比較有名的作家，都保留了相當的獨立性。中國共產黨的民主集中制，並不否定黨員的思想自由，反而以某種形式鼓勵黨員個人發揮其主觀能動性，在黨的會議上鼓勵黨員個人提出不同想法、意見，以保持黨的活力。黨員在党的會議上發表自己的意見，通過自己的投票多少影響黨的決議的形成，而黨組織的決議一旦形成，或者上級組織的命令一旦發出，黨員雖然可以在思想上保留自己與黨的決議、命令不同的意見，但在行動上必須堅決執行黨的決議與命令。這便是民主集中制的原則。在現實中，雖然中國共產黨領導層集中的一面遠強于民主的一面，但在延安整風之前，中國共產黨領導層對於延安作家群體的管理還是相當寬鬆的，包括黨員作家在內的延安作家，例如，丁玲與何其芳各自在三十年代初與三十年代末放棄了個人主義，成為集體主義者，成為中共黨員，但直到延安整風開始之前，這二人在文學領域基本依然可以擁有自由的獨立的思考和判斷。

27 趙超構《延安一月》，頁 86，上海書店，1992 年。

上述自我犧牲的倫理，在延安時期以及在其後的國共內戰時期，只是在中共黨員及參加革命的知識份子範圍內適用，而對於黨外的工人農民以及中共軍內的工農出身的士兵，中國共產黨執行的是與自我犧牲倫理完全不同的政策。

丁玲在 1944 年寫過一篇新聞報導《勞動英雄袁廣發》，報導當時在延安某紡織廠，因為工資低，很多工人對生產缺乏熱情。科長袁廣發發現了問題，給工人調整了工資，工人們的勞動熱情立時高漲。[28]在丁玲所報導的延安工廠裏，推動工人勞動熱情的，不是自我犧牲的精神，而是工資的提高。

1943 年，丁玲寫作了後來得到毛澤東褒獎的報導《田保霖》，在這篇報導的結尾，有以下文字：

> 田保霖是一個愛名譽的人，但他牢牢記得惠中權同志的話："要好名聲只有一條路，替老百姓辦好事。"[29]

田保霖是個不錯的農民，他以個人名譽為其為人民服務之行為的動機，與對真正革命者自我犧牲的要求有很大的距離，儘管如此，中共縣委書記、作家丁玲、中

28 丁玲《勞動英雄袁廣發》，《丁玲散文選集》，頁 174，四川人民出版社，1983 年。

29 丁玲《田保霖》，《丁玲文集》第五卷，頁 52。

共領袖毛澤東都對他予以肯定。當然，肯定後面隱含的標準是不一樣的。

何其芳寫於 1945 年的一篇訪問記記錄了王震講述的一個老兵的故事：

王震率領 359 旅在延安南泥灣開荒生產，有一個要求退伍的老紅軍士兵對王震抱怨：

> 王旅長，你平常不是又說，我們是為工農服務嗎？我退伍回家，我還不是當個農民，革命還是要給我服務的。我又有什麼要不得呢？

王震告訴這位兵士，毛主席並不是這樣講的，王震把一九二九年毛主席起草的古田會議決議案翻出給這個士兵看，那上面特別講到了要照顧士兵的利益。王震又把最近出版的《在延安文藝座談會上的講話》翻給他看，那上面寫著“為工農兵”。王震告訴他，毛澤東最近與他商量，說士兵生產全部歸公的辦法不好，應該公私兼顧。今年三五九旅就計畫每個戰士生產六石，只四石歸公，作吃穿學習等費用，其餘兩石完全歸士兵自己支配。這個老兵聽了王震的話，決定不退伍了。

這個老兵只關心自己的實際利益，對於士兵要服務工農的口號十分不喜歡，與其做為他人服務的兵，不如做享受他人為其服務的農民，這是他退伍的理由。王震順著他的私心以革命也為士兵服務的道理與實實在在的物質利益（兩石糧食）說服了他。關於這個士兵，王震還說："他是士兵們的代表。他是來替他們提出要求的。戰爭太長久了，士兵已經成了一個特殊的階層。他們有他們的利益和要求。"[30]

在延安時期，中國共產黨對於工農兵採取的是利益誘導的功利政策。此外，"要保衛自己的家鄉，要活命，就要跟鬼子鬥"的道理農民也能接受，到了國共內戰期，這個道理的現實基礎沒有了，中國共產黨就開始實行土地改革，將地主的土地和財產分給農民，以此作為共產黨對農民有恩，農民應該對共產黨報恩，同時為了保住分來的土地和財產必須支援共產黨與作為地主後臺的國民黨的戰爭。中國共產黨將農民置於一種利益交換的關係中，這是中國共產黨和農民關係的主幹。延安作家周立波後來寫作長篇小說《暴風驟雨》，其中描寫土改後動員農民參軍的部分，十分露骨地表現了這種利益誘導、利益交換的論理。

在抗日戰爭時期及國共內戰時期，中共黨員與革命的知識份子範圍內通行的自我犧牲的論理，在中國共產黨治下的工農兵那裏並不通用，適用後者的是功利誘導、利益交換的現實政策。

在延安時期，中國共產黨對工農兵採取注重利益的

---

30 何其芳《記王震將軍》，《何其芳文集》第二卷，頁 287，人民文學出版社，1982 年。

現實政策，這種政策，中共黨員與革命知識份子範圍內，至少在意識形態層面，並不流通。

毛澤東在 1942 年說“一切空話都是無用的，必須給人民以看得見的物質福利”，顯示中國共產黨清楚地意識到內外有別，黨內通行的自我犧牲到了“人民”那裏就變成了“物質福利”，因為現實清楚地告訴共產黨人，要求“人民”自我犧牲行不通，“物質福利”才是現實可行的方法。[31]

第三節　從個人主義到集體主義

眾所周知，新文化運動中流行個性主義、個人主義，郁達夫在《中國新文學大系‧散文二集導言》中如是說：

> “五四”運動最大的成功是“個人”的發現。以前的人為皇帝而存在，為道而存在，現在的人終於知道為自己而存在。[32]

李大釗如是說：

31 毛澤東《經濟問題與財政問題》，《毛澤東文集》第二卷，頁 467，人民出版社，1993 年。

32 郁達夫《中國新文學大系‧散文二集導言》，上海文藝出版社，1981 年。

我們應該承認，愛人比愛國更重要。[33]

從那個時候起，過了二十年，作為新文化運動的直系弟子的延安作家已經完成了從個人主義到集體主義的轉變。這其間的距離太過遙遠，這種轉變究竟是怎麼發生的，眾多的研究者在這個課題上投入了諸多精力。

李澤厚的救亡壓倒啟蒙論大概是最有影響的。李澤厚主張，“五四”新文化運動有雙重主題，一個是個人的啟蒙，一個是民族的救亡，隨著民族危機的加深，個人啟蒙的主題逐漸被救亡的主題所“壓倒”，救亡所代表的集體主義得以興盛，啟蒙消失在歷史的暗夜中。[34]

余英時則認為，“五四”時期的個人主義僅僅局限在思想信仰的某些層面，中國知識份子的思想整體實際上並未發生如此大的變化。[35]

汪暉對救亡壓倒啟蒙論進行了修正。汪暉認為，啟蒙運動的發生是因重大的民族危機引起的，從根本而言，中國的啟蒙思想只是民族救亡的副主題，而不是“雙重變奏”中一個平等獨立的主題。而且，“五四”新文化運動的啟蒙思想欠缺系統性，不能提供中國社會的內

33 《李大釗選集》，頁 238，人民出版社，1959 年。

34 李澤厚《啟蒙和救亡的雙重變奏》，《中國現代思想史論》，頁 1-36，天津社會科學院出版社，2003 年。

35 余英時《中國知識人的創世紀》，《內在超越之路》，頁 236，中國廣播電視出版社，1987 年 6 月。

部結構及運行的法則，與此相對，馬克思主義則給予了中國知識份子一個完整的世界觀及社會改造方案。

汪暉認為：“借助於馬克思主義，中國的知識者發現他們面對的那個社會和傳統並不是一個固定的整體，它的運動方向是不同利益和目標的社會集團之間的鬥爭的結果，是各種社會力量相互作用的結果。當這些孤獨的‘反叛者’（就對秩序而言）意識到‘階級鬥爭’將影響這個社會以及每一個人的未來時，他發現必須使自己選擇一個真正屬於未來的社會集團的力量。於是他們不再是這個社會的‘邊緣人’或‘流放者’，他們有了自己的階級的敵人和朋友，從而回到了這個社會並獲得了目標。他們從‘叛逆者’變成了‘革命者’，從‘人的解放’的鼓吹者變成了‘階級解放’的信仰者和實踐者。”[36]

支撐上述觀點的考察一般將重點置於陳獨秀、李大釗、魯迅、胡適等“五四”新文化運動第一代知識份子身上，而對“五四”新文化運動之後的一代知識份子，即“五四”新文化運動薰陶之下在二十年代末三十年代初登上歷史舞臺的丁玲、何其芳這一代人則著墨不多。

本書參照以上諸論點，主要考察延安知識份子從個人主義到集體主義的轉變的思想脈絡。

丁玲、何其芳這一代的知識份子與他們的“五四”

---

36 汪暉《預言與危機》，《文學評論》1989 年第 4 期。

前輩相比在個人主義道路上走得更遠，更徹底。晚年的丁玲在給自己孫女的信中講述自己與同學如何受到新文化運動的影響、如何反抗傳統的事例，甚至激進到廢姓的地步。丁玲這一代人在現實生活中的道德觀念上的激進是魯迅、胡適這些前輩所不能比的。

與丁玲同輩的作家蕭乾晚年寫了一些回憶二三十年代的文章，其中寫到這樣一個事例：蕭乾的一個同學談戀愛，同學的父親是有名的歷史學家，並不贊成兒子的這段戀愛，但也未干涉、阻止，某天，這個同學在公園舉行婚禮，他的父親正巧來公園散步，遠遠看見父親身影的兒子急忙請父親在自己的婚禮上講話，父親講話的最後一句是"我本來是來公園散步的"。[37]從這個事例，可以想像當時的大都市青年知識份子以個人主義反抗傳統家族觀念的束縛的激進程度。

在當時，傳統文化、傳統家族觀念被視為國家現代化的障礙，個性主義、個人主義被視為排除這種障礙的有力武器。在這裏，個人主義與救亡的目標是一致的。正如胡適所言，"爭取個人的自由，就是爭取國家的自由；爭取個人的人格，就是爭取國家的國格！自由平等的國家不是一群奴才建造得起來的。"[38]在這種輿論環

37 蕭乾《終身大事》，《蕭乾散文》，頁 229，中國廣播電視出版社，1997 年 5 月。

38 胡適《介紹我自己的思想》，《胡適論學近著》第一集，上海商務印書館，1937 年 4 月。

境下，個人主義以對國家有益的名義從各種束縛中解放出來，這種個人主義的放任的傾向，借用當時燕京大學的學生楊公素的一句話，就是“個人放任主義（laissez-faire）”，設想人們如果能夠排除外力的干涉，依照自己的理想生活、工作，最終理想的世界便能實現。[39]

問題是激進到如此地步的個人主義者們為什麼會變身為集體主義者呢？

令個人主義的飛奔得以成行的國家現代化的名義，隨著民族危機的加深而消失無蹤，個人主義與民族危機面對面的時刻終於到來。眾多研究者業已指出這一點。他們拿“五四”新文化運動與歐洲啟蒙主義運動相比較，指出前者的諸多缺點，從理論上得出因為中國的啟蒙與歐洲的啟蒙不同，所以其失敗也就變得不奇怪甚至理所當然了。在此，筆者只想補充一個他們未提及的原因。

在“五四”新文化運動時期，提倡“愛人比愛國更重要”，以個人主義反對國家主義的思潮很是盛行。但“五四”新文化運動批判的中心是傳統家族主義，當時束縛個人的主要是傳統的家族制度、家族觀念，近代國家對個人的嚴密的支配遠未形成。在中國封建王朝，對於國家俱有義務的只是那些從朝廷領取過俸祿、爵位的人，普通的百姓或草民對於朝廷是沒有責任感的。“五

39 楊公素《滄桑九十年》，頁 71，海南出版社，1999 年 1 月。

四”時代是傳統王朝體制崩潰之後軍閥混戰的時代，新的現代意義的民族國家尚未建立，國家對於沿海大都市的知識份子、學生的支配力量很小。在意識形態層面上，傳統儒家的意識形態面臨崩解，而新的意識形態尚未形成，像後來的國民黨、共產黨那樣的嚴密統治還沒有進入知識份子的實感。知識份子頭腦中的國家主義知識幾乎都是遙遠的歐美的舶來品，因此，當時的知識份子對於國家主義的反抗也大都是觀念上的，欠缺現實的基礎。“五四”時代的個人主義與現代民族國家意義上的集體主義的實際衝突，並沒有某些研究者想像的那麼嚴重。

丁玲最初接觸新文化運動的時候，在她的周圍有許多第一代中共知識份子，瞿秋白、李達、柯慶施等都給予過丁玲不小的影響，但丁玲並未參加共產黨。其理由，據瞿秋白轉述，是“我是喜歡自由的，只做自己喜歡的事，不願意受黨的決議的束縛。”[40]但丁玲的丈夫胡也頻是共產黨員，參加共產黨會議時遭國民黨逮捕，不久被處死。胡也頻的死是丁玲人生的一大轉捩點，這之後，丁玲參加了中國共產黨。由此可知，丁玲參加中國共產黨，由個人主義轉向集體主義的一個重要原因是國民黨的統治過於殘酷，丁玲自身思想上的原因是否起了決定性的作用，則難以判斷。在此將考察的重點移到何其芳身上。[41]

---

40 周良沛《丁玲傳》，頁 244，北京十月出版社，1993 年 2 月。

41 燕京大學學生楊公素也是因為國民黨的壓迫的推力而走向中共的

與丁玲相對，何其芳由個人主義轉向集體主義幾乎與外力的壓迫無關，可以說完全是何其芳思想的自我選擇。所以，考察支撐何其芳的選擇的思想要因是很有意義的。

何其芳 1912 年生於四川省萬縣，父親與祖父是有知識的地主。1931 年秋，何其芳考入北京大學哲學系，因不喜哲學，何其芳將主要精力放在文學方面。在學期間，何其芳發表了許多表現少年夢想與寂寞的詩歌和散文，收錄這些散文的散文集《畫夢錄》獲得了當時頗有影響力的《大公報》文藝獎。何其芳將自己的大學生活分為前後兩個時期，稱前期為幻想期，這個時期的何其芳喜歡美的柔和的作品，後面的時段稱為苦悶期，艾略特的荒涼和絕望以及陀思妥耶夫斯基的黑暗進入了他的視野和內心。雖然這兩個時期有所不同，但何其芳的唯美主義傾向是前後一以貫之持之不變的。

一人。楊公素本是燕京大學的碩士，他的夢想是做學問，成為大學教授。抗戰爆發後，他的夢想破滅，他率領數十名比他年輕的學生，在國民黨第 93 軍的支持下創立了一小塊敵後根據地，形式、功能與中共領導的根據地十分類近。他們的身份依然是獨立的，並不從屬於國民黨 93 軍。隨著國共兩黨鬥爭漸趨激烈，國民黨要求他們加入國民黨，完全進入黨國麾下，並將他們不斷的抵抗視同傾向中共。因為國民黨過於嚴酷的統治，楊公素這批人置身於國共兩黨中間地帶的願望完全落空，最後只好投向中共一側。對於楊公素和當時許多知識份子來說，如果不能保持獨立自主，只能國共二選一，共產黨是比國民黨更好的選擇。參考自楊公素《滄桑九十年》，海南出版社，1999 年 1 月。

何其芳喜歡唐代詩人溫庭筠的絕句。“喜歡那種錘煉，那種色彩的配合，那種鏡花水月”。“譬如一微笑，一揮手，縱然表達著意思但我欣賞的卻是姿態。”[42]也就是說，相比詩的內容，何其芳更重視其形式，他認為美存在於形式之中。

何其芳說自己不是從一個概念的閃動去尋找它的形體,浮現在他心靈裏的原來就是一些顏色,一些圖案。何其芳在寫作詩歌和散文的時候，用現代語言表現顏色和圖案，花費了苦心和推敲。他“從陳舊的詩文裏選擇著一些可以重新燃燒的字。使用著一些可以引起新的聯想的典故”，這樣一個小小苦工的完成使何其芳感到僅有的愉快。[43]

何其芳甚至說過這般極端的話語：

對於人生我動心的不過是它的表現。[44]

何其芳後來又聲稱這句話並未正確地表現出他的本心，辯解自己還是對人生有所關心的。根據何其芳的自述，他早年的人生信念是“美、思索、為了愛的犧牲”。[45]何其芳對於人生的頑固而認真的態度很明確。

42 何其芳《夢中道路》，《何其芳文集》第二卷，頁 66。
43 同上注，頁 66。
44 何其芳《扇上的煙雲》，《何其芳文集》第二卷，頁 56。
45 何其芳《一個平常的故事》，《何其芳研究專集》，頁 142，四川省文藝出版社，1984 年。

何其芳曾經下定這樣一個決心：

> 我總甘願生活在最荒涼的地方，冰天雪地，牧羊十九年，表示我一點忠貞之心。[46]

“冰天雪地，牧羊十九年”，是西漢蘇武的故事，蘇武作為漢的使者出使匈奴，在被匈奴拘禁、流放的十九年間，不忘自己對於祖國的職責，在貝加爾湖畔過著放牧生活。何其芳用這個典故表現自己強烈的忠貞。這忠貞是針對什麼的呢？何其芳說是“人生”。[47]

幾乎與此同時，何其芳還寫了以下文字：

> 藝術是無情的，它要求的挑選的不僅是忠貞。在這中間一定有許多悲劇，一定有許多人象具有征服世界的野心的英雄終於失敗了，終於孤獨地死在聖赫勒拿島上。[48]

死在聖赫勒拿島上的是拿破崙。在這裏，野心、失敗和死亡被用於比喻對藝術的忠貞，這種忠貞對應著何其芳的人生與藝術兩個方面。對於何其芳來說，人生和藝術是同一的，他的人生追求集中在藝術追求上。

---

46 何其芳《樓》，《何其芳文集》第二卷，頁 47。

47 何其芳《我與散文》，《何其芳研究專集》，頁 237。

48 何其芳《〈燕泥集〉後話》，《何其芳文集》第二卷，頁 61。

但是，何其芳的世界幾乎局限于書本世界和內心世界，他所追求的藝術和人生與外部的世界、現實社會完全是兩回事，他封閉在自我內心的世界當中，並自我滿足於其中。這與何其芳在幼年寂寞環境中形成的性格有些關係。何其芳上大學前在上海生活過一年，在這一年裏，他沒有去過一次電影院。進入大學後的二三年裏，何其芳除了與兩三個文學同志交往外，幾乎沒有別的朋友。後來何其芳回顧北京的生活時，說自己封閉在孤獨中對於外界的任何事情都冷淡以對。他借用屠格涅夫小說的一句話“我除了打噴嚏的時候從不仰望藍天”，如果將“藍天”改成“現實社會”，就與他自己正相吻合。[49]

翻譯家梁宗岱寫的法國象徵派詩人保羅・梵樂希的評傳曾經給何其芳強烈的影響。梵樂希在第一次世界大戰期間寫作了五百行的長詩《青年的命運女神》，這本書出版後，某位評論家讚美道：“最近我國發生了一件比世界大戰更重要的事，這就是保羅・梵樂希的〈青年的命運女神〉。”如此高聳的文學觀 — 一首詩比傷亡三千萬人的第一次世界大戰更重要，當時的何其芳是懵懵懂懂地接受了。

何其芳數年後對此做了反省：

49 何其芳《咽嗚的揚子江》，《何其芳文集》第二卷，頁 70。

> 我要說那位批評家假若不是象一個僅僅讀過一年高中的十九歲的孩子那樣無知，就是無恥。歐洲大戰中死傷了三千萬人，三千萬活生生的人，不說五百行長詩，就是五千萬行長詩也不能相提並論。只是說漂亮話是不行的。[50]

何其芳在同一篇文章中還提出在戰爭期間文學家有兩種涇渭分明的態度，一種是"熱烈地關心著戰爭，關心戰爭中的人群，盡可能為時代奉獻自己的力"，還有一種是"閉著眼睛，裝著耳聾，繼續著自以為是的不朽的文學的創作"。[51]前者的代表是羅曼・羅蘭，後者的代表就是梁宗岱推崇的保羅・梵樂希。保羅・梵樂希是何其芳大學時代學習的榜樣，羅曼·羅蘭則被大學畢業後的何其芳視為偶像的人物。

何其芳大學二年級的時候，華北有一段時間曾瀕臨戰爭爆發，很多學生都離校而去，而何其芳在離開北平的前夜，還在自己的屋子裏寫作《畫夢錄》中的《黃昏》：

> 馬蹄聲，孤獨又憂鬱地自遠至近，灑落在沉默的街上如白色的小花朵。[52]

50 何其芳《論工作》，《何其芳文集》第二卷，頁 142。
51 同上注，頁 137。
52 何其芳《黃昏》，《何其芳文集》第二卷，頁 142。

這個時期的何其芳有時會有極端個人主義的觀念，他曾經這樣想："對於人類，我沒有任何責任和義務，因為我從人類那裏也沒有獲得什麼。"[53]

學生時代的何其芳與現實世界的距離是相當大的。他把自己封閉在遠離現實的小小的文學世界裏。對何其芳來說，外面的世界是不熟悉的，唯一讓他感到安心的是內心的世界。

雖然何其芳的詩是學習法國象徵派，但與當時中國象徵派的代表人物戴望舒比起來，則根本不像是同類。戴望舒在詩中與自己的情感保持一定的距離，而何其芳的詩的情感表達方式則與學習英國浪漫派的以徐志摩為代表的新月派很是相近。何其芳的詩與散文中彌漫的傷感與孤獨，顯示了新文化運動中產生的個人主義作品的典型特徵。

這種傾向在當時的北平的文學界很有普遍性。當時北平許多的文學家大都是北平一流大學的教師，埋頭于學問的追求，封閉於藝術的象牙塔，他們的生活由大學豐厚的工資支撐，這個作家群被稱為"京派"，與當時在商業都市的上海，依靠稿費生活的"海派"作家形成對照。許多"海派"作家在貧困地生活直眼看社會現實，經常寫作批判現實的作品甚至是革命作品，而"京

53 何其芳《給艾青先生的一封信》，《何其芳研究專集》，頁 172。

派”作家則可以一門心思地追求藝術。何其芳是“京派”作家中的新秀，但與其他“京派”作家不同，上大學期間的何其芳的藝術象牙塔並不是建立在自力的經濟基礎之上，而是家庭寄錢所支撐。作為學生的何其芳沒有進入過社會，對於世事幾乎完全無知。何其芳這個時期的作品，用他後來的話說，“不過是一個寂寞的孩子為他自己製造的一些玩具”。[54]

然而，少年的夢的世界很快就會撞到社會現實上的。

1935 年大學畢業後，何其芳去天津南開中學任教師。“我第一次用自己的勞力掙取麵包”，[55]在這裏，何其芳“過了苦悶的一年”，他“知道了許多人間生活的不幸，更見到了眾多的現實的不圓滿”。[56]這所學校“與其說是一所學校，不如說是一個現代化的私營工廠。這裏製造著中學畢業生”。[57]

學校的隔壁就是工廠。夕陽西下的時候，眾多的女孩子從工廠出來，沿著污濁的河回家。她們是這個工廠的工人。看著她們，何其芳感到自己也是“被榨取勞力的勞動者”。[58]

關於那段生活，何其芳寫道，“許多學生是有錢人

54 何其芳《一個平常的故事》，《何其芳研究專集》，頁 146。
55 何其芳《我與散文》，《何其芳研究專集》234 頁。
56 同上注，頁 234。
57 同上注，頁 234。
58 同注 54，頁 235。

的兒子。他們對於電影比對知識更有興趣。”[59]“在那教員宿舍裏，生活比在大學寄宿舍裏還要陰暗。那裏充滿了憤懣而又軟弱無力的牢騷，大家都不滿於那種工廠式的管理和剝削，然而又只能止於不滿。我開始感到生活的可怕：它有時候會把人壓得發狂。”[60]

這個時期的何其芳唯一的朋友，“唯一互相影響又互相鼓勵的人”，“早晨看見闊人們的子弟坐著汽車來上學，他總是對我說：‘他們一定覺得我們還不如他們家裏的汽車夫！’或者，‘我們有一天會被他們的汽車壓死的！’”[61]

何其芳在自己的文章中記入這個朋友的這些話的時候，他應有同感。

1936年9月，何其芳離開天津，去山東省萊陽縣農村師範學校去教書。在那裏，他看見了更嚴酷的現實，發現了自己“精神上的新大陸”。

那裏的農民非常的貧窮，從土地獲得的收入幾乎一半要交各種各類的稅金。失去土地的農民握著一束農具到鄰縣做收莊稼的短工，在臨時用作早市的農地等待雇傭的機會。夜晚來臨，他們為節省費用就睡在何其芳所在學校的石橋上。師範學校的學生大多是農民的子弟，等待他們的，是小學教師的職位和便宜的薪水，以及沒

59 何其芳《給艾青先生的一封信》，《何其芳研究專集》，頁173。
60 何其芳《一個平常的故事》，《何其芳研究專集》，頁146。
61 同上注，頁146。

有未來的生活。他們經常吃著小米，四等黑面，番薯，卻對於知識那樣熱心，對於政治更是異常的關心。幾個學生去鄰縣做抗日救亡的宣傳，結果被逮捕了。與他們一起生活，何其芳不再感到孤獨。“我和他們一樣充滿了信心和希望。我的情感粗了起來，也就是強壯了起來。”[62]何其芳到青島去看見一排一排的別墅在冬天裏空著，鎖著，他非常明顯地感到了這個對比所代表著的意義。

於是他得到了以下結論：

> 第一步，我感到人間充滿了不幸。
>
> 第二步，我斷定人的不幸多半是人的手造成的。
>
> 第三步，我相信能夠用人的手去把這些不幸毀掉。[63]

何其芳寫道：

> 從此我要嘰嘰喳喳發議論，就是說從此我要以我所能運用的文字為武器去鬥爭，如萊蒙托夫的詩句所說的，讓我的歌唱變成鞭

62 同注 59，頁 147。
63 何其芳《給艾青先生的一封信》，《何其芳研究專集》，頁 173。

棰。[64]

抗日戰爭爆發後，何其芳回到故鄉四川省萬縣，有幾個月的時間在萬縣師範學校教書。1938 年初，何其芳轉去四川省成都市的中學教書，在成都，他與幾個朋友一起創辦了半月刊《工作》。何其芳發表了許多雜文和詩歌，對於抗日戰爭不協調的社會上的惰性氣氛及封建思想進行了批判。當時何其芳有一首詩的名字就叫《成都，讓我把你搖醒》。

這個時候，何其芳時時稱自己為個人主義者 — 與"京派"時期的個人主義者不同，這時的何其芳自稱是"羅曼・羅蘭所擁護的個人主義者"。[65]

羅曼・羅蘭 1931 年 2 月寫了一篇題為《個人主義與人道主義》的文章。這篇文章實際是給蘇聯作家費多爾・格拉德科夫與伊利亞・謝爾文斯基的一封信。在信中，羅曼・羅蘭為自己的個人主義做了定義。其個人主義由兩個方面組成，一個方面是精神的自由，"我的一切考慮就是熱中于現在的自由和繼續自由的義務。我現在仍然是這樣。我畢生都是自由的。"羅曼・羅蘭將自己的自由強調到"幾乎絕對的"地步。還有一個方面是"人間大眾的解放"。[66]

64 何其芳《一個平常的故事》，《何其芳研究專集》，頁 147。
65 同上注，頁 149。
66 《ロマン・ロラン全集 18 卷・社會評論集》，頁 467，宮本正清譯，みすず書店，昭和 42 年。

三十年代，羅曼・羅蘭在文章中很多次表達過這樣的意思。羅曼・羅蘭四十年代寫作回憶錄時，更將自己的一生總括為"為萬人的'一者'與精神的獨立"。"我當然不能從苦難與人類的行動中脫身出來，我還準備以藝術的一切手段參加進去。我拒絕加黨派。……我是自由的，並希望止于自由之境。如果我需要戰爭，我會進行隻身一人的、只對自己一人負責的戰鬥。"[67]

從這個時期何其芳的文章看，他推崇羅曼·羅蘭式的個人主義的原因在於"熱烈地關心著戰爭，關心戰爭中的人群，盡可能為時代奉獻自己的力"。[68]方式當然是以藝術的一切的手段參與啟蒙運動。正是在這一點上，何其芳與"京派"的老朋友們有了衝突。

抗日戰爭爆發後，留在北平的周作人與日軍合作的新聞登載在報紙上。事情的真相尚未完全明瞭之際，何其芳出於對過去的自己的反省、批判的心情，發表了批判"京派"曾經的精神領袖周作人的文章。此時的何其芳認為，周作人投敵的行為自有其思想根源，那就是"長久地脫離了時代和人群"，另外也和周作人的文藝觀有所關聯。對於周作人的文藝觀，何其芳作了如此概括："藝術的目的在它自身，即表現個人的情感和思想"，這與何其芳以前的文藝觀"藝術只為自己表現，為表現

---

67 《ロマン・ロラン全集 17 卷・自傳と回想記》，頁 265，宮本正清譯，みすず書店，昭和 42 年。

68 何其芳《論工作》，《何其芳文集》第二卷，頁 141。

自己的幻想、感覺、情感而存在”是一致的。

周圍的朋友都對何其芳的行為有所保留。一位去過希臘的人此前一直勸何其芳不要寫作雜文，勸他應專心“正規的創作”，何其芳沒有接受。於是該人從此嘲笑何其芳將成為青年社會活動家。[69]

成都的某所大學的教師宿舍裏，有“一個剛來到成都的穿著閃閃發光的綢衣的人”問何其芳去過成都的某條街沒有，何其芳答沒有，這人似乎很驚訝何其芳在成都住了半年連這一條街都不知道，這人告訴何其芳那是一條住著最下等的妓女的街，他已經去看過了，而且勸何其芳等人說：“應該去看看。”而且再加上一句：“我是天堂的生活也要去看看，地獄的生活也要去看看。”[70]

對於勸何其芳不要寫雜文的人與天堂的生活與地獄的生活都要看看的“穿著閃閃發光的綢衣的人”，何其芳沒有點出他的名字，從其文學觀及有過希臘旅行經歷的特徵看，該人疑似“京派”首席評論家朱光潛。朱光潛 1937 年夏末從北京大學教授任上轉赴成都的四川大學文學院任院長。[71]何其芳到成都的時間是 1937 年初，正好比朱光潛早到“半年”。當時從北平、上海來成都的作家有方敬、蘆焚、羅念生、鄧均吾、周文、沙汀、陳翔鶴、劉盛亞、陳敬容等，其中以希臘美學、文學理

69 何其芳《一個平常的故事》，《何其芳研究專集》，頁 149。
70 何其芳《饑餓》，《何其芳文集》第二卷，頁 243。
71 卞之琳《何其芳與〈工作〉》，《何其芳研究專集》，頁 46。

論見長的只有朱光潛。因為朱光潛是何其芳過去的朋友，是何其芳許多朋友的朋友，所以何其芳文章中沒有點朱光潛的名字。

何其芳批判周作人的出發點是周作人“長時間脫離時代和社會人群”的生活態度。這也是過去的何其芳和“京派”的朋友們共同持有的東西。朱光潛並非沒用眼看社會現實，他的主要的關心不是有關社會改造的實際行動，而是觀察體驗社會上存在的各種各樣的現象，對於他來說，在此種觀察及體驗基礎上成立的文學創作比實際的社會改造更有價值。但對何其芳來說，當他直面社會最底層人民的悲慘生活和民眾的苦難時，止步於觀察和體驗是他的良心所不允許的。不應該僅僅是觀察，還應該參與對於不公平社會的改造。在何其芳後來的詩文中，數次出現了諷刺、批判“穿著閃閃發光的綢衣的人”的文字。

何其芳與朱光潛的區別顯示了真正的理想主義者與自由主義者之間的一個重要的分水嶺。朱光潛置身政治運動之外，堅守客觀地進行社會批判、政治批判的立場。其客觀性得以堅守的一個原因就是置身政治運動之外，如此方能對政治權力進行獨立之批判、監督。但在當時，社會批判、政治批判的責任與啟蒙、動員、組織民眾投入實現理想社會的運動的責任都只有知識份子這一個社會階層能夠勝任，兩付擔子由知識份子一肩挑了，於是造成知識份子選擇的兩難。不投身政治運動確能保持政治監督政治批判所需要的知識份子的獨立客觀的立場及思考，但在民眾的苦難與民族的危亡面前又難以邁過良心這道坎。何其芳在面對這種困境的時候，曾寫下以下文字表達自己的心境：

> 然而我在我自己的思想裏遲疑：如果有一座建築在死屍上的樂園我是不是願意進去？帶血的手所建築起來的是不是樂園？而不帶血的手又能否建築成任何一個東西？[72]

何其芳最終的選擇是投身政治運動。

數年後的 1948 年，清華大學教授朱自清面臨同樣選擇的時候，使用了一個比喻：當一個人落井，要救他不應站在井邊喊，而是應該下到井裏幫助他一起爬上來。[73]

1938 年 8 月，何其芳與幾個朋友共赴延安。在去延安的途中，他想到了倍納德·蕭離開蘇維埃聯邦時的一句話，"請你們容許我仍然保留批評的自由"。[74]何其芳正在奔赴延安途中，一隻腳已經踏入政治運動的激流，卻還想著批評的自由、獨立之精神，"熱烈地關心著戰爭，關心戰爭中的人群，盡可能為時代奉獻自己的力"，

---

72 何其芳《鄉下》，《何其芳文集》第二卷，頁 98。

73 朱自清《知識份子今天的任務》，《朱自清散文全集》下卷，頁 533，江蘇教育出版社，1996 年。

74 何其芳《一個平常的故事》，《何其芳研究專集》，頁 150。

他的身後依然拖著羅曼・羅蘭式的個人主義的影子。

但是，何其芳已經從那個兩難處境中跨出了最初的一步。中國的理想主義者與羅曼・羅蘭不同，一旦踏入時代的大潮，其後左右他的命運的，就不是他個人的意志，而是大潮的動能了。

何其芳到延安後，成為延安魯迅藝術學院文學系的教師。1938 年 11 月，何其芳加入了中國共產黨。

何其芳的思想轉變，是以個人主義、唯美主義為起點，途經羅曼・羅蘭式的的個人主義，最後到達中共集體主義的終點。何其芳的轉變，可以指出幾個特點。

何其芳的個人主義、唯美主義具有未黯世事的少年特有的自我中心的性質。大多數人長大成人進入社會，自我中心的性格會有所改變，變得更與責任感。何其芳沒有多少責任感的時期，幾乎全部是他進入社會前的大學階段。何其芳曾經將自己的覺醒比喻為成為具有責任感的大人。[75]

何其芳的這個轉變與三十年代的民族危機並沒有直接的關係，何其芳自己承認過這點。“我並不否認抗戰於我有著不小的影響，它使我更勇敢，它使我脫離了中學教員的生活，它使我過著新的快樂的生活，然而我的覺醒並不由於它。”[76]何其芳在這裏想說的是，他的覺醒發生在抗戰爆發前，是在山東半島的時候，其直接的契機

75 何其芳《一個平常的故事》，《何其芳研究專集》，頁 147。
76 何其芳《給艾青先生的一封信》，《何其芳文集》第二卷，頁 175。

是看到社會的不平及民眾的苦難而引起的社會責任感。

看到社會的不平與民眾的苦難的時候，旁觀是何其芳的良心所不允許的。旁觀的反面是參與，參與社會改造運動，參與的方式有兩種，一種是以自由個人的身份為社會改造出力，這是何其芳所理解的羅曼·羅蘭式的個人主義。還有一種是投身於一個持有與自己相同理想的政治集團，放棄相當程度的個人自由，作為集團的一分子為實現自己與集團的共同理想奮鬥。前一種是赴延安之前的何其芳的行動方式，後一種是達到延安以後的何其芳的行動方式。

何其芳前一種行動方式包含有一個內在矛盾。何其芳意欲以自由個人為單位參與社會改造的同時，他的內心實際非常渴望持有共同理想一同努力的同志。何其芳性急地批判周作人的時候，周圍許多朋友不表贊同，甚至發生了衝突，這些周圍的朋友都是支持《工作》雜誌的啟蒙同志，是很好的朋友，而這些朋友、同志中間，竟然一個贊同他的也沒有，不是說他刻薄，就是火氣過重，何其芳"感到異常寂寞"，[77]他想著自己應該到前線去，那裏有他的"夥伴"。[78]

兩個月後，何其芳去了延安。在延安，何其芳感到中共集團的人都是熱情的夥伴、同志，立刻融入延安這個大集體之中。在這個短暫的過程中，甚至沒有一點反

77 何其芳《一個平常的故事》，《何其芳研究專集》，頁 150。
78 何其芳《一個平常的故事》，《何其芳研究專集》，頁 151。

感抵抗的心情，有的只是愉快。[79]在何其芳進入延安後寫的幾篇散文中，經常洋溢著這種愉快的心情。

“在這裏，因為生活裏充滿著光明和快樂，時間像一支柔和的歌曲一樣過逝得容易而又迅速，而且我現在以我的工作來歌唱它，以我生活在這裏來作為對於它的辯護，而不僅僅以文字。在這裏，當我帶著熱情和夢想談說著人類和未來，再也不會有人暗暗地嘲笑。在這裏，我這個思想遲鈍而且感情脆弱的人從環境，從人，從工作學習了許多許多，有了從來不曾有過的迅速的進步，完全告別了我過去的那種不健康不快樂的思想，而且像一個小齒輪在一個巨大的機械裏和其他無數的齒輪一樣快活地規律地旋轉著，旋轉著。我已經消失在它們裏面。”[80]這種愉快是何其芳在延安整風前的三四年間的主流心境。

在對“夥伴”的渴望中，潛藏著何其芳放棄他所推崇的羅曼·羅蘭式的個人主義的可能性。羅曼·羅蘭式的個人主義的一個中心特質，就是個人自由是“以思想的孤獨為代價”的，[81]他稱自己為“反對萬人的‘一人’”。[82]“我是自由的，並希望止于自由之境。如果

---

79 何其芳《我歌唱延安》，《何其芳文集》第二卷 174-179 頁。

80 同注 77，頁 150。

81 《ロマン・ロラン全集 18 卷・社會評論集》，頁 467，宮本正清譯，みすず書店，昭和 42 年。

82 《ロマン・ロラン全集 17 卷・自傳と回想記》，頁 265，宮本正清譯，みすず書店，昭和 42 年。

我需要戰爭，我會進行隻身一人的、只對自己一人負責的戰鬥。”[83]何其芳一方面讚美個人思想與批評的自由，一方面又欠缺羅曼‧羅蘭式的對於思想孤獨的驕傲。這是何其芳在愉快的心情中很容易地就放棄了個人主義轉變為集體主義者的一個原因。

何其芳的精神自由，相當程度上是基於對自己的學識及文學才能的自負，這種文學上的自負是延安作家，特別是幾個較著名作家的共通的特徵，丁玲、蕭軍、艾青皆如此。這些延安作家支撐自己的自負的文學才能大都及不上羅曼‧羅蘭，而他們與羅曼‧羅蘭最大的不同，是他們都參加了中國共產黨這一政治集團，而羅曼·羅蘭沒有參加任何政治集團。置身於中國共產黨巨大的組織之中，一旦與中國共產黨強大的意識形態碰撞，他們那點文學自負很快就減少到不能支撐其精神自由的程度。

何其芳去延安以前，有關馬克思主義的書幾乎沒有讀過，他曾經拒絕讀這類社會科學的書，他的知識和能力主要集中在文學方面。進入延安後，何其芳讀了毛澤東的《論新民主主義》，立即從心底敬服。敬服激動之餘，何其芳甚至提出以下觀點：

> 詩歌的方向是現實主義的，它的範圍應該服從新民主主義這一政治口號。[84]

---

83 《ロマン・ロラン全集 17 卷・自傳と回想記》，頁 265。

84 雷加《四十年代初延安文藝活動（三）》，《新文學史料》1981 年 4 月。

這並不意味著贊成文學政治概念化。與何其芳此言論大約同時，何其芳讀到一本蘇聯作家寫的反對文學概念化的論文，對其觀點十分贊成，轉而教導魯藝文學系的學生，“寫熟悉的題材，說心裏話”，“知識份子出身的作家最好寫知識份子題材”。[85]何其芳之所以提出“詩歌的……範圍應該服從新民主主義這一政治口號”這一看似將文學政治概念化的觀點，並不是出於文學概念化的意圖，多半是出於他讀毛澤東的《論新民主主義》之後的敬服驚喜不自禁，從心底感到毛澤東的新民主主義是極為偉大的雄文。在這種偉大面前，可以想像，何其芳在文學上的自負會變得多麼渺小。何其芳的自負本來是從文學領域出發，局限于文學領域尚可縱橫馳騁，進入政治領域之後，已然不夠支持其精神自由了。

何其芳赴延安途中，還保留有蕭伯納對蘇聯政權“請你們允許我仍然保留批評的自由”的信念，“但到了這裏，我卻充滿了感動，充滿了印象。我想到應該接受批評的是我自己而不是這個進行著艱苦的偉大的改革的地方。我舉起我的手致敬。我寫了〈我歌唱延安〉。”[86]何其芳並且將自己曾經的“保留批評的自由”稱為“狂妄”。

何其芳在“偉大的”延安面前，因為自己有許多缺

85 何其芳《關於群眾藝術問題》，《何其芳文集》第四卷，頁 45-46。
86 何其芳《一個平常的故事》，《何其芳文集》第二卷，頁 223。

點而認為自己不具有批評延安的資格。放棄批評的自由起源於何其芳心中的慚愧 —— 一顆渺小的心靈在一個偉大的事物面前的慚愧，發現以前自以為存在的自負實際沒有堅實的基礎，建立在不堅實基礎上的自負及優越感，建立在不堅實的自負及優越感基礎上的批評的自由，確實是很容易失去的。

對於羅曼·羅蘭來說，自由本身就是最高的絕對的，自由不依存於它之外的東西，如自由的使用者的資格、自負之類，不管自己有無缺點，心中有無慚愧，都不影響自由的使用。

何其芳是與延安"暴露黑暗派"作家對立的"歌頌光明派"的代表性作家，他對於"暴露黑暗"的觀點，"感到異常的憤慨和憎惡"，"不允許玷污我心中最崇高珍貴的東西"。某一天，何其芳與主張"暴露黑暗"的魯藝文學系的一個教師辯論這個問題，這人說："'暴露黑暗'的用語並不妥當，但我們就沒有缺點和過錯嗎？換個詞，例如自我批評，不就沒問題了嗎？"對於這位教師的主張，何其芳未能予以反駁。[87]這也意味著何其芳在某種意義上也認可自我批評的說法及其內涵。

在這裏，作為權利的批評的自由完成了向自我批評的轉換。自我批評是一種以功利性為基礎的概念，它以對於中國共產黨集團有益為概念的出發點。它是中國共

87 何其芳《毛澤東之歌》，《何其芳文集》第三卷，頁 57。

產黨集團賴以維持其生命力的機制的一個組成部分，與以個人權利為最優先的自由的概念完全是兩回事。

何其芳的批評的自由是隨著條件的變化而決定其有無的。它顯示，不管何其芳曾經多麼推崇自由的精神，其實在他心中一直有比自由更重要的東西。何其芳在說出“請你們允許我保留批評的權利”的時候，其最終的目的並不是維護批評的自由本身，而是希圖通過批評的方式維護國家、民族、人民的利益，實現其心目中的理想社會。這也是何其芳奔赴延安參加中國共產黨的最大的原動力。在實現理想的過程中，何其芳作為中國共產黨集團的一分子與夥伴同志一同奮鬥，即是何其芳最大的人生幸福。

1941 年 9 月，丁玲寫了一篇題為《戰鬥是享受》的短文。文章表達了丁玲看到中共集團的同志在洪水中奮力打撈木材時的感受。“他們是在享受著他們最高的快樂，最大的勝利的快樂，而這快樂是站在兩岸的人不能得到的，是不參加戰鬥，不在驚濤駭浪中搏鬥，不在死的邊沿上去取得生的勝利的人無從領略到的。只有在不斷的戰鬥中，才會感到生活的意義，生命的存在，才會感到青春在生命內燃燒，才會感到光明和愉快呵！”[88]

這時的丁玲已經超越了何其芳曾經面對的兩難處境。丁玲在參加革命運動與否的選擇成為過去式之後，

---

88 丁玲《戰鬥是享受》，《丁玲散文》，頁 378，中國廣播電視出版社，1997 年。

再回首過去的自己，身在運動之中與身在運動之外的心境是迥然不同的。置身其中還是置身其外，是近代中國知識份子選擇集體主義還是個人主義的一大分水嶺，其後的人生道路與人生觀既已分道揚鑣。置身於改造古老中國的戰鬥激流中所獲得的喜悅與幸福，應該就是丁玲、何其芳等延安知識份子由個人主義者轉變為集體主義者的最大原因。

第四節　走向人民大眾

丁玲在 1938 年寫過一篇雜文《適合群眾與取媚群眾》，其中有這樣一段文字：

> “到大眾裏去”，“適應群眾化”等等的語句，現在已經成為一種口頭語了。為什麼會是這麼普遍地說著呢，就是因為它是一般的迫切的要求。要爭取抗戰的勝利，動員全國民眾參加抗戰時非常重要的一條。所以一切團體，如宣傳隊，工作團，服務團等，都必須討論到如何接近群眾的問題，而在接近裏面，就有著適合與取媚的不同。[89]

---

89 丁玲《適合群眾與取媚群眾》，《丁玲文集》，頁 360。

> 適合群眾，是求一切言語行為，不標新立異，與大眾共喜悅，同艱苦，瞭解群眾苦痛，幫助其解除，使他們逐漸對你的處事做人（就是工作表現）表示敬服。[90]

這裏的"我們"不是單指作家，是指從事民眾動員工作的人。這裏的大眾化並不限於三十年代初期左聯時期所說的文學大眾化，也涉及文學作品以外的作家的思想、行動，即在思想、行動等方面走向人民大眾，已然是對革命作家、革命知識份子的要求。

對於這種基於戰爭動員的需要而產生的"大眾化"，丁玲還寫過以下的文字：

> 我們現在要群眾化，不是把我們變成與百姓一樣，不是要我們跟著他們走，是要使群眾在我們的影響和領導下，組織起來，走向抗戰的路，建國的路。同時記住自己的責任，永不退讓，永不放鬆，才是我們應有的精神，這末到群眾中去，只求能適合群眾，而絕不取媚群眾。[91]

也即是說，丁玲所說的"大眾化"，在目的和手段

90 丁玲《適合群眾與取媚群眾》，《丁玲文集》，頁 361。
91 丁玲《適合群眾與取媚群眾》，《丁玲文集》，頁 361。

兩個層面，前進的方向是相反的。在手段的層面，知識份子、作家努力將自身大眾化，而在目的的層面，知識份子、作家則要堅持所屬群體的思想，使大眾接受知識份子、作家的思想觀念。這種具有內在矛盾的“大眾化”，與前述丁玲在《我在霞村的時候》中表現的知識份子對於大眾封建意識是相對應的。

除了這種因戰爭動員需要的“大眾化”，在延安作家群體內，還存在促使他們走向大眾的動力。

何其芳在其寫於 1941 年的散文《饑餓》中，敍述了自己從一個對於社會最底層平民的饑餓感到心靈震撼的旁觀者，經過以旁觀為恥的階段，再到在艱苦的戰爭環境中變身為饑餓的體驗者的過程。對於艱苦的戰爭環境中的日常的饑餓與粗惡的食糧，何其芳最初的觀點是“中國人的平均的生活水準實在太低了，我們只應該取這樣的一份”[92]，當身邊的一位同事“不願意吃那種陳舊的或者甚至於帶著砂的小米煮出的飯和那種用水煮的又苦又酸的乾菜，而情願餓一頓”，何其芳“總是照例地一句話也不說地在他面前把它們吃下去”。何其芳記得他吃過的最壞的菜是那種完全用青色的蔥煮的湯，最難吃的飯是那種紫色的看著顏色不錯而放進嘴裏去象嚼著泥土一樣的高粱蒸的窩窩頭，對於這些，何其芳寫道：“這算得什麼呢？”[93]何其芳以自我犧牲的精神來對待

92 何其芳《饑餓》，《何其芳文集》第二卷，頁 243。
93 何其芳《饑餓》，《何其芳文集》第二卷，頁 243。

饑餓與粗惡的食物，對於自己生活上的貧困採取一種蔑視的高慢的態度。

何其芳不是從工農大眾的立場，而是從知識份子的立場、角度進行有關饑餓的自我反省的。知識份子走向工農大眾這一現象得以存在的前提，是知識份子與工農大眾之間在物質生活、社會地位、知識教養、精神追求等方面存在巨大的差距，而從這個差距的高端向低端的主動移動，理所當然屬於自我犧牲的性質。何其芳對於自己處在這個巨大的差距的高端感到良心上的人道的不安，由此產生了通過自我犧牲的行為消除這種差距的心理傾向。面對自己首次遇到的艱苦的戰爭環境中的粗惡的生活條件，何其芳最開始是採取蔑視之的高慢的精神貴族的態度，後來，何其芳又認識到，這種高慢蔑視的心理，與自己尚未經驗過真正惡劣的生活條件有關。經驗過真正的饑餓的工農大眾反而會表現出樸素的生活欲求，因此，何其芳覺悟到對於惡劣生活條件的蔑視的心理的非無產階級性。

在經驗了更長久的貧困生活之後，何其芳開始做一些過去從未做的關於飲食的夢，饞嘴的夢，何其芳認為這種夢的出現，顯示了自己正在從少數精神貴族的心理轉而接近大多數貧困的民眾的心理。“我想假若我的夢從那種比特殊的，少數人才會有的夢漸漸地變得接近了大多數的中國人的夢，貧窮者的夢，饑餓者的夢，那一點也沒有什麼可羞恥。在我們的隊伍裏，也許還有著那種天使一般帶著雪白的翅膀飛來的人吧，而我卻總是對於那些卑微的、帶著不美麗的苦難的烙印、用粗糙的甚至於流著血的雙足從不平坦的道路上一步一步走過來的人感到更親近，更象同母所生的弟兄。”[94]

這裏可以看出，何其芳在努力抹去自我犧牲的精神貴族的痕跡，努力向工農大眾的凡俗接近，這種努力反而證明了何其芳的行為屬於以自我犧牲為原動力的精神貴族的在道德上的自我實現。在這點上，何其芳與俄羅斯帝政時代的民粹主義者很是相似。

在延安整風之前的三四年，何其芳作品中表現的人民大眾的形象，是沿著兩個相互分離的軸線展開的，一個軸是何其芳以自己的文學感性從現實中攝取的大眾形象，這種大眾形象經常具有饑餓、貧窮、卑賤、外表骯髒等特徵，大眾生活中的苦難，是感動處於較優越生活地位的知識份子之心的最適宜的元素，也是最適合知識份子自我犧牲的願望的元素。因此，這種以苦難為主的大眾形象應該有相當成分是知識份子主觀的想像。實際上能最強烈地表現這種苦難的大眾形象的，不是丁玲這樣的小說家，而是何其芳、艾青這樣的詩人。

何其芳 1942 年 3 月寫下《多少次呵，我離開了我日常的生活》，其中一段文字如下：

---

94 同注 92，頁 245。

我要走在那不潔淨的街道上，
走在那擁擠的人群中，
我要去和那些汗流滿面的人一起勞苦，
一起用自己的手去獲得食物，
我要去睡在那低矮的屋頂下，
和我那些兄弟們一起做著夢，
或者一起醒來，唱著各種各樣的歌，
我要去走在那些帶著武器的兵士們的行列裏，
和他們一起去戰鬥，
一起去爭取自由……
呵，我是如此願意永遠和我的兄弟們在一起，
我和他們的命運緊緊地連接著，
沒有什麼能夠分開，沒有什麼能夠破壞，
儘管個人的和平很容易找到，
我是如此不安，如此固執，如此暴躁，
我不能接受它的誘惑和擁抱！[95]

苦難是何其芳這些延安作家心目中當時大眾的映射的主要特徵，另一方面，它也將意義與價值給予延安作家，支撐他們的大眾化努力。苦難標誌了自我犧牲的主體與自我犧牲的對象之間的差距，這個差距越大，即大眾的苦難越深，越能體現跨越這段差距的努力的意義和

95 何其芳《多少次，我離開我日常的生活》，延安《解放日報》1942年4月3日第四版。

價值。何其芳等延安作家的大眾化努力之所以更多地注目苦難，並非由於人民大眾形象的苦難因素需要，而是出於知識份子自身需要，他們的自我犧牲，他們精神上的自我實現，需要這個。這種精神上的自我實現，具有朝向精神煉獄前行的潛在趨勢。

以苦難為主要特徵的大眾形象對應上述民粹式的大眾化傾向的同時，另一種大眾形象，即中國共產黨的"創造歷史的動力"的"人民"概念也對應著延安知識份子的大眾化努力。這種"人民"概念將"人民"的地位進一步提升，升到了人民崇拜的層次。

何其芳在 1942 年延安整風開始前寫的《北中國在燃燒》中有這樣的詩句：

> 我的祖國，你的力量在哪裡？
> 你靠什麼來抵禦敵人，保存自己？
> ……
> 但是遠遠地遠遠地
> 我聽見了一種震動大地的聲音，
> 它是那樣錯雜而又那樣和諧，
> 它是那樣古老而又那樣年輕。
> 那是我的祖國在翻身。
> 那是我們的兵士在攻打著敵人。
> 那是無數的人民覺醒了，站起來了，

在推動著歷史前進。[96]

艾青在 1940 年 10 月寫的關於自己的長詩《火把》的自述《關於〈火把〉》中，有這樣的文字：

我曾遇到一次火炬遊行，僅只一次，卻夠了。

是那樣的一種場面，綿延不斷的群眾為火把感奮著，一陣口號，一陣歌唱……致使我感動得在眼眶裏蘊含著淚水，很快地 我的全身被‘一種東西……一種完全新的東西……’所襲擊，像背負了被射中的箭的野獸，背負了這東西回到住所裏。

這“東西”是什麼呢？這我曾化了千行詩的篇幅寫的“東西“是什麼呢？

群眾的行動所發揮出來的集體的力量，群眾本身所賦有的民主的精神，群眾的不可抵禦的革命精神。

《火把》，這個千行長詩，歌頌的就是這種正在無限止地擴張著的“力量”和“精神”。[97]

---

96 何其芳《北中國在燃燒》，《何其芳文集》第一卷，頁 195。
97 艾青《關於〈火把〉》，《艾青全集》第三卷，頁 107。

這裏表現的，是占人口少數、經常感到孤獨無力的知識份子，發現能夠抵抗外國列強及國內敵人的力量並希望能夠融入此力量的渴望，這個力量就是“中國人民”。

從何其芳、艾青的詩中，能夠感受到與這個“中國人民”相關聯的國民、民族的想像。何其芳、艾青等延安作家通過創作包含有自己真情實感的作品，也參與制造了與此“中國人民”有關的國民、民族的想像。

在此，筆者的主要關心在於，知識份子是如何在知識份子內部接受“（作為人民大眾的主要部分的）農民是革命潮流的主流這一結論，並進行主體性地把握的”。[98]

1941 年夏，艾青、蕭軍等五名文抗派作家連署的一篇文章中，有這樣一段文字：

> 在中國這個特別的國度裏，如果誇張點說，文藝作家他一直是走在革命隊伍的最前鋒的，他們幾乎擔當了全面的戰鬥，從那被殺害被囚禁的對比的數量來說，就是個鐵證。[99]

---

98 《近代中國的思想與文學》，頁 348，內山書店，1995 年。
99 雷加《四十年代初延安文藝活動（三）》，《新文學史料》1981 年 4 月。

在這篇文章中，延安作家的一個主要群體表明了自身所屬知識群體是革命的前鋒這樣一種自我認識。所謂革命的前鋒，是站在革命主體的人民大眾的前面的人。這種自我認識說明，雖然歷史的主體、歷史前進的動力是“中國人民”的觀念已被延安作家接受，但尚未達成意識形態上的至高無上的地位，也還未將知識份子排擠到“人民”的末位。

何其芳 1940 年 10 月寫了一篇《土地之鹽》，觸及到知識份子與人民大眾的關係問題。

舊俄羅斯有這樣一個對知識份子的稱呼：

> “土地之鹽”。
>
> 我想，這恐怕只是在“到民間去”的民粹主義者們的時代裏流行過，而後來，知識份子經過了革命的考驗，歷史的考驗，這個說他們是人民的精華的比喻就慢慢地被忘記了。
>
> 現在我們說到知識份子，往往帶著一種不好的意味。
>
> 我聽見過一個知識份子的同志說：“我真討厭知識份子，所以我從來不寫他們。”他是寫小說的，已經寫了好幾本短篇小說。
>
> 我聽見又一個知識份子的同志說：“我真慚愧我也是一個知識份子。”他這句感歎

的話的說出是當我在前線，當另外兩個剛離開學校的年青的同志在一次行軍中疏忽地丟失了行李，他參加部隊久一些。他彷佛不願意和他們共同有一個稱呼。

不過也有一個和工人接觸過的同志告訴我，工人同志們並不輕視知識份子，並不象知識份子那樣輕視知識份子。[100]

何其芳的文章披露了當時延安知識份子中間輕視、否定知識份子的思想。這種否定知識份子的思想，有蘇聯傳來的影響，也有知識份子對自己弱點的反省，包括對自己在戰爭環境中最初的不適應的反省。何其芳在指出並批判了知識份子的若干缺點之後，依然贊同高爾基所說的“一本書就是一個梯子，把我從野獸變為人類”，贊同對於知識份子對文化的重視、尊敬。在何其芳看來，（革命的）知識份子儘管不必像十九世紀俄國民粹派那樣自任“人民的精華”，但也不必過度否定知識份子的作用。

何其芳寫於 1941 年的詩《黎明》裏，有以下幾句：

“工人們打石頭的聲音
是如此打動了我的心，
我說，勞作最好的象徵是建築：

100 何其芳《土地之鹽》，《何其芳文集》第二卷，頁 224。

我們在地上看見了房屋，
我們可以搬進去居住。
呵，你們打石頭的，砍樹的，築牆的，蓋屋頂的，
我的心和你們的心是如此密切地相通，
我們像是在為著同一的建築出力氣的弟兄。[101]

在此，何其芳表達了對於勞動者及其勞動的尊敬與讚美。

1942年3月，何其芳寫下了《什麼東西能夠永存》，詩中如是說：

什麼東西能夠永存？
人在日光之下一切勞碌到底有什麼益處，
……
但當我夜裏讀著歷史，或者其他的書籍，
我彷彿看見了許多高大的碑石，
許多燃燒在時間的黑暗裏的火炬。
不管他們是殉道者，科學家，思想家，還是歌者，
我都能夠感到他們的心還是活著，
還在跳動，而且發出很大響聲，
而且使我們的心跟它們一起跳動，
……
我於是有了很大的信心。

101 何其芳《黎明》，《何其芳文集》第一卷，頁169。

我說，只有人的勞作能夠永存。
我讀著書籍，我的屋子，我的一切用具，
以及我腦子裏滿滿地裝著的象蜂房裏的蜜一樣
的東西，
都帶著我們的祖先們的智慧和勞力的印記。[102]

何其芳在詩中顯示出對於知識份子的腦力勞動與工農的體力勞動的平等看法，以及對於知識份子與工農的平等觀念。這是延安整風前何其芳大眾化思想達到的一個平衡點。

在這裏，何其芳顯示出他與艾青、蕭軍等五位文抗派作家的不同。艾青、蕭軍等五人都是兼有相當革命經歷與文學成果的作家，在革命與文學兩個方面都有相當的自負及優越感，與此相對，何其芳缺乏革命歷史，來延安前做過唯美主義者與羅曼·羅蘭式的個人主義者，在革命資歷上有自卑感，延安整風之前就自行進行了比艾青、蕭軍、丁玲等有革命資歷的作家更多的反省。即便如此，在延安整風開始之前，何其芳的平民化思想也沒有使其自貶至工農之下的低位，而是僅僅走到知識份子與工農大眾平等就停止了。這也是何其芳在沒有大的外力的影響下所能達到的大眾化思想的頂點。

歸攏上述考察，可以總結出延安作家在走近人民大

102 何其芳《什麼東西能夠永存》，《何其芳文集》第一卷，頁 199-200。

眾的行為中，存在三種原動力。第一，知識份子為實現心目中的理想社會動員底層大眾而導致的接近大眾的必需性；第二，與社會底層的民眾的苦難相對應的知識份子的自我犧牲精神；第三，投身作為“抵抗的主體”、“推動歷史發展的動力”的“人民”之中的欲求。

第一點導致知識份子須以大眾習慣的能夠接受的方式動員大眾，首先須學習大眾的語言，熟悉大眾的心理、情感方式，但動員的目的卻是使大眾具有知識份子希望他們具有的思想觀念；第二點是以知識份子精神貴族式的自我實現為底色，同時具有無限地走向精神煉獄的潛在趨勢；第三點，雖然人民作為革命的主體、推動歷史前進的動力的人民概念已然確立，但在延安作家的思想中，“人民”並未“壓倒”知識份子，工農大眾與知識份子尚屬平等。延安整風之後，這些都在“工農兵化”的名義下，被統一成一個含混著內在矛盾的整體。

第二章　延安作家所處之環境

第一節　延安作家與延安政權的關係

延安作家中的大多數在抗日戰爭爆發前都以上海為主要的生活地。丁玲、艾青、蕭軍等都主要生活在上海，何其芳等少數作家則長時間生活在北京。生活在上海的作家們，倚靠沿海都市的文化市場，通過文學寫作、文學出版維持生計。有名的作家如蕭軍，能以稿費維持不低的生活水準。[1]有些作家，則通過個人關係，獲得了教師的職業，並以此作為主要收入來源。換句話說，他們大都是與中國共產黨沒有經濟關係的自由職業者。丁玲比較特殊，丁玲在 1933 年被國民黨特務機關秘密逮捕前，作為左翼作家聯盟的專屬幹部，每月從黨組織領取很少的一點生活費。[2]但即使不從黨組織領取生活費，丁玲憑藉自己的名氣與文學才能，也能在文化市場上生活。

抗日戰爭開始後，數量眾多的知識份子從沿海移向

1 《蕭軍紀念集》，頁 743。

2 周良沛《丁玲傳》，頁 234-350，北京十月出版社，1993 年 2 月。

內陸，內陸的文化市場有所擴大，但在西北一隅的陝甘寧邊區，遠離國統區的文化市場，不可能依靠稿費維持生活。在延安，即使做個教師，也不是像以前憑個人關係獲取，而是黨組織安排。延安當局將來延安的作家分配在魯藝、文抗、中央研究院等部門，納入了中共的供給制系統。其中文抗的作家數量為最多。

延安作家們在延安的生活，與以前在沿海都市比，生活水準雖然有所降低，但安定度卻高於以前在沿海都市。延安作家在延安的文學活動所需的經費全由中共組織提供，有時也有中共領袖個人捐助籌集。例如，設立延安作家俱樂部的經費就是蕭軍從毛澤東、朱德、林伯渠那裏募集的。[3]延安的兒童教育、醫療資源比較緊缺，作家們的子女的入園、入學問題，很多作家也都是請托中共領袖幫助解決的。草明是趁毛澤東向歐陽山（草明丈夫）、草明詢問延安文藝界情況時，請毛澤東幫助解決了三個孩子的入園入學問題。毛澤東向相關部門的領導為草明孩子的事請托時，草明很受感動。[4]進入延安的作家，基本上都失去了以前的獨立或半獨立的經濟地位，失去了自由職業者的身份，至少在經濟上從屬於延安政權。一般而言，獨立的經濟地位，是知識份子、作家獨立的政治行為與文學活動的基礎。

何其芳在其晚年的作品《毛澤東之歌》中，說在魯

3 《蕭軍紀念集》，頁 763。
4 《巨人的情懷》，頁 69。

藝的幾位作家中，只有他對自己來延安後的處境有所不滿。來延安之前，何其芳作為"京派"的新銳作家已有相當的名聲，自己發表作品已經沒有什麼困難，而延安能登載文學作品的雜誌、報紙非常少，自己的作品僅有一小部分能夠發表。與何其芳相比，魯藝的其他作家如周立波、曹葆華等來延安前在文壇幾無名氣，生活不安定，經常飯都吃不飽。除了何其芳、曹葆華，其他魯藝作家都沒有大學畢業，即便是曹葆華，也是在舊社會不受重視的受嘲笑的知識份子。所以其他魯藝作家對於自己來延安在魯藝教書都很滿足。[5]總之，魯藝文學系除何其芳之外的幾位作家，雖然在延安的生活水準未必比過去高，但通過延安政權獲得的安定生活及社會地位卻是過去在沿海都市所不及的，他們如果對中共不滿離開延安回到國統區，能否獲得溫飽都成疑問。抗戰後期的國統區，多數有名有大學教職的知識份子都陷於生活的貧困，延安作家中僅有的三五位有名氣的作家若去國統區，生活水準只會更低。這也是中共文藝整風的基礎之一。

小山三郎在《毛澤東的〈文藝講話〉與左翼作家之考察》中指出："左翼作家因為對國民黨的政治感到幻滅，被共產主義包含的'人道主義理想'吸引，追尋自由而去的延安。"[6]幾乎全部延安作家都贊成中國共產黨的政治主張，而且其中相當一部分，在抗戰爆發前的國

5 何其芳《毛澤東之歌》，《何其芳文集》第三卷，頁 70。
6 小山三郎《現代中國的思想與文學》，頁 71，東方書店，1993 年。

共內戰時期，就是共產黨員了，如丁玲、舒群、劉白羽、吳伯簫等，還有一部分是來延安後入的黨，如何其芳，還有個別的來延安數年後才入黨，如艾青、陳學昭，還有最特別的蕭軍，終生未入黨。艾青、蕭軍在某種意義上是自認的黨外布爾什維克。這些人在政治思想上贊同或大部分贊同中國共產黨的主張，經濟上依附延安政權生存，延安作家在 1941-1942 年發起的批評延安不良現象的雜文運動，正是在這種非獨立的經濟基礎上發起的。

然而，從抗日戰爭爆發到 1942 年春，中共領導層將主要精力用於對日對國民黨的鬥爭，及黨內高層的秩序整頓方面，在延安作家對延安的批評高潮來臨之前，中共領袖們並沒有急迫地感到延安文藝界的思想需要大力整頓。

抗日戰爭初期，中共軍隊與根據地急速擴大，中共幹部嚴重缺乏。延安魯迅文學藝術院的《創立緣起》中，有這樣一段話：

> 我們應注意抗日戰爭中日益緊迫的幹部培養問題。“幹部決定一切。”[7]

“幹部決定一切。”是當時中共根據地流行的一句口號。

---

7 《中國解放區文學書系・文學運動・理論編一》，頁 161，重慶出版社，1992 年。

當時中共幹部主要有兩個來源，一是紅軍老幹部及一部分有能力的獲提拔的士兵，二是從國統區投奔中共的知識份子和青年學生。毛澤東起草的發往中共各根據地的指示《大量吸收知識份子》，明白無疑地顯示了當時中共的知識份子政策。

當時知識份子、作家從國統區來延安的原因之一是延安有自由。何其芳剛來延安的時候寫的文章《我歌唱延安》描述了延安的自由的空氣以及自己對於延安自由的嚮往。中共當局也以自由為號召吸引國統區的知識份子與青年學生來投奔。中共這種對於知識份子幹部的需求也影響著中共對延安作家的政策。

在這種形勢下，中共領導層在 1942 年以前對延安作家採取了相當放任的管理方式。兼管中共中央宣傳部、中央文化工作委員會（簡稱‘文委’）工作的中共中央總書記張聞天主持制定的《關於各抗日根據地文化人與文化人團體的指示》如此指示：

> 黨的領導機關，除一般的給予他們寫作上的任務與方向外，力求避免對於他們寫作上人工的限制與干涉。我們應該在實際上保證他們寫作的充分自由。給文藝作家規定具體題目，規定政治內容，限時、限刻交卷的辦法，是完全要不得的。[8]

8 《延安文藝叢書・文藝理論卷》，頁 200，湖南人民出版社，1984 年。

> 團體內部不必有很嚴格的組織生活與很多的會議，以保證文化人有充分研究的自由與寫作的時間。[9]

比這更具體的文藝政策，在當時的中共領導層那裏，實際上並不存在。

1940年7月,蕭軍問毛澤東:“黨有文藝政策嗎？”毛澤東回答：“哪有什麼文藝政策,現在忙著打仗、種小米還顧不上哪!”於是，蕭軍提議中央應該制定文藝政策。[10]然而直到1942年春天，毛澤東也沒有提出一個文藝政策。毛澤東制定文藝政策的時間，是在王實味、丁玲等延安作家、知識份子寫出《野百合花》、《三八節有感》之後。

正是在這樣的環境中，延安作家們依從自己的文學觀展開了他們的文學活動。中共黨組織對延安作家的領導很是薄弱。中共中央文委曾欲任命歐陽山為文抗主席，遭文抗作家的集體反對，最後由文抗內部進行“民主選舉”。結果，從二十余人的作家裏同時選出七個主席，與沒有主席等效。七名主席之一、兼任文抗黨支部書記的劉白羽，因為無法開展組織活動，甚至提出過辭職。[11]

---

9 《延安文藝叢書・文藝理論卷》，頁20。

10 《蕭軍紀念集》，頁759-760。

11 《劉白羽文集》第九卷，頁359-360，華藝出版社，1995年。

延安作家的這種自由的文學活動，並非他們自己爭取得來，也非社會制度保障，不過是中共領導層因為某種原因暫時給予的。

“黨及行政當局應該向各方面發出通知，將作家的任務以及他們對革命的作用、他們的特殊性告知各方面。”[12]

這是蕭軍在延安文藝座談會上的發言，在主張作家獨立性的同時提出的提案。在此，對於“各方面”具有強大影響力的不是延安作家，而是中共領導層。對於“各方面”沒有多少影響力的延安作家，希望超越這一界限時，只能求助中共政治家的支持，這又與他們主張的獨立性相矛盾。

正是在這樣的脆弱的現實基礎上，延安作家保持了“五四”以來的近代知識份子、作家的主體性，進行著其對延安不良現象的批評以及民眾啟蒙活動。

第二節　延安知識份子在中共革命中的位置

何其芳在寫於 1940 年 10 月的一首題名為《我們的歷史在奔跑著》的詩中，寫作了這樣的文字：

---

12 蕭軍《對於當前文藝諸問題之我見》，《延安文藝叢書》，頁 282，湖南文藝出版社，1987 年。

我親愛的姊妹，
年輕的姊妹，
我們的歷史在奔跑著，
你看它跑得多快！
你們在學習著馬克思列寧主義，
你們在學習著聯共黨史，
你們都快要是幹部了，
而你們又多麼像一群小女孩子！[13]

詩中描繪的活潑的少女們，是魯藝的女學生，從國統區來延安參加革命的青年學生的一部分。如詩中所寫，她們是被作為未來的中共幹部訓練的。而像何其芳這樣具有相當水準的文化教養的知識份子，到達延安後，則被立即作為幹部使用。成為中共幹部，幾乎是全體外來知識份子、青年學生的命運。

他們的前途與同時期來到陝甘寧邊區的難民明顯不同。延安政權給來到邊區的難民分配土地，或分配到難民工廠去工作，沒有將難民當作或培養成幹部的。

毛澤東 1945 年的名文《為人民服務》中所悼念的張思德，是在紅軍長征時參加紅軍的農民出身的老兵，張思德在 1945 年去世時，已參加中共軍隊十年，依然是一個士兵而非幹部。[14]

13 何其芳《我們的歷史在奔跑著》，《何其芳文集》第二卷 99 頁。
14 《毛澤東選集》合訂本，頁 907，人民出版社，1972 年。

這裏顯示出，中共革命中的知識份子地位與農民地位的顯著區別。

抗日戰爭後期，大多數延安知識份子都在延安這一安全的後方參加整風，用當時流行的話說，他們作為“建國幹部”在後方被保護、儲藏起來。1942 年日軍對中共的敵後根據地進行大規模掃蕩，中共敵後根據地面臨極為艱難的處境，遭受重大損失，根據地的面積與人口幾乎減半。抗日戰爭初期集聚的大批幹部，主要是外來知識份子幹部，這個時候如果還大量聚集在敵後根據地，則面臨傷亡損失的危險。於是，中共將一部分幹部召回延安，原本已在延安的幹部繼續呆在延安，不再派往各敵後根據地。當時，在敵後根據地堅持敵後抗戰的幹部被稱為“咬牙幹部”，留在後方延安的幹部被稱為“建國幹部”，意思是當時不使用他們，儲存起來留作日後建國之用。

1945 年日本投降後，延安知識份子幹部被大量派往東北、華北等各新解放區。被派遣的幹部的任務是管理各新解放區的政權，動員、組織民眾，支援中共正在進行的戰爭。戰爭動員的主要方法，是組織土改工作隊，將地主的土地分配給農民，再將獲得土地的農民動員起來支援中共的革命戰爭。幾乎所有的延安作家、延安知識份子幹部都有參加國共內戰時期土改工作隊的經歷，丁玲、何其芳還是土改工作隊的隊長。

中共建國後的五十年代，中共軍隊以外的各部門的要職幾乎都握于知識份子幹部之手，這裏所說的知識份子幹部，包括中共創立時期的知識份子幹部、抗日戰爭時期各根據地的知識份子幹部、原國統區的地下黨幹部以及從軍隊轉業的具有一定文化知識水準的原軍隊幹部，而延安知識份子幹部一般擔任延安政權的中層或高層管理職務。與此相對，沒有文化的農民出身的軍隊幹部，其經驗其能力都局限於軍隊的管理及作戰，不適宜擔任軍隊以外的重要部門的管理工作。以中共最高層來說，五十年代的中共政治局常委毛澤東、劉少奇、周恩來、朱德、陳雲、鄧小平，其中只有朱德是非知識份子出身的軍人，而且他與其他幾名常委不同，朱德並不握有實權。軍隊的十大元帥中，只有具有法國留學經歷的陳毅、聶榮臻擔當了外交、軍事工業部門的主管，農民或遊民出身的文化水準較低的賀龍擔任體育委員會主任這一無關國計民生大事的閒職，而其他七名元帥的職務與權力全都局限於軍隊。也就是說，中共建國後，農民出身的中共軍事幹部在中共領導層並不佔有重要位置，與他們在戰爭期間的貢獻相比，他們在建國後的作用大大降低了，與此相對，知識份子幹部的作用在建國後相比建國前則提高了，他們佔據了軍隊以外的幾乎所有部門的要職。以文藝界為例，五十年代，中國文藝部門的實權大半在延安文藝工作者手裏。

抗日戰爭初期大量進入延安的知識份子、青年學生直至 1960 年代文化大革命開始的近二十年的時間裏，在中共最高領導層的領導下，一直作為動員組織管理工農大眾的幹部被使用。他們與工農大眾的關係是指導者、管理者、教育者與被指導、被管理、被教育的關係，換言之，延安知識份子是中共最高領導層領導、組織、教育工農大眾的仲介。

延安知識份子這種在中共最高領導層與工農大眾之間的仲介位置，對應著中共意識形態在知識份子定性方面的兩面性。中共意識形態規定的各社會階層的革命性序列，從上往下，首先是無產階級，其次是無產階級最可信賴的同盟軍──農民，再次是比較動搖的同盟軍小資產階級，當然中國共產黨作為無產階級先鋒隊，處在無產階級的先頭部分。在這個序列中，小資產階級知識份子出身的中共黨員、革命者具有無產階級先鋒隊與小資產階級的兩面性。小資產階級知識份子通過接受馬克思主義思想，將小資產階級思想改造為無產階級思想，則可以轉變為無產階級先鋒隊。中共最高領導層在不同時期根據現實的需要，可以強調兩面中的一面。抗日戰爭初期，急需知識份子幹部，就比較強調知識份子革命性先鋒性的一面，到了 1942 年，由於種種原因根據地經濟處於困境，維持眾多的脫產幹部十分困難，抗戰初期的“大量吸收知識份子”政策失去了現實的土壤，1942 年春延安知識份子、作家對於延安不良現象的批評又讓中共最高領導層感到整頓外來知識份子的必要性。在這種情勢下，中共最高領導層在理論上轉而強調小資產階級知識份子未經改造的劣根性。在意識形態的革命序列上，延安知識份子有從工農的上位跌落到工農的下位的趨勢，這個轉換的象徵性時間點就是毛澤東做《在延安文藝座談會上的講話》的時候。

第三節　工農兵與延安知識份子、作家的思想改造

曾經有一種說法極為流行，說隨著中國共產黨從城市進入農村，原本作為知識份子政黨的中國共產黨吸收了數量眾多的農民出身的幹部士兵，逐漸變身為一個農民党，變質的時間是以毛澤東為首的本土派戰勝國際派的延安整風時期，與此對應，在社會各階層的革命性序列中，農民與工人階級壓倒了知識份子，知識份子的地位降至工農的下位，直至文革時的“臭老九”。

然而，大量史料顯示，在戰爭年代中共軍隊的工農幹部中，並不存在壓倒知識份子的思想力量及現實力量。

張正隆在描寫 1945 年至 1948 年的東北國共內戰的紀實作品《血紅雪白》中，引用了一段對原解放軍士兵張天鑄的採訪。張天鑄本來是國民黨東北“剿總”特務團二營六連中士班長，1948 年成為解放軍的俘虜，隨後參加了解放軍。最初解放軍嫌張天鑄身高不足，不想要他。

> 一挑，說我個小，一米六零出點頭，不要。我說個大割不去，個小還能長，我才十八歲。其實我現在也沒長大，這兩年還抽巴回去一些。怎麼又要了？因為我高小畢業，是個“知識份子”。現在講這個叫孩子們笑話，那時有這文化程度可就是個寶了。
>
> 把我分到二縱五師十三團二營六連一班。班長樂壞了，歡迎會上說：這個新戰友是個“大知識份子”，今後就當咱們的“學習組長”，大家跟他好好學。我說：這“學習組長”是幹什麼的？班長說：就是平時教大家學文化，開會討論記個錄。
>
> 我說：甚麼叫“討論”呀？班長說：你連這個也不懂呀？
>
> 連隊選舉士兵委員會主席，往碗裏扔黃豆。營長跑來坐在我那只碗跟前，指點著說：這是張天鑄的，這只碗是張天鑄的。
>
> 那時可重視文化知識了，對解放戰士一點兒也不歧視。[15]

在中共軍隊的基層，士兵、幹部對知識份子是尊敬的，與延安知識份子圈的氛圍大不相同。

---

15 張正隆《血紅雪白》第十三部第 34 章，解放軍文藝出版社，1989 年。

《聶榮臻回憶錄》中記錄了一件有趣的事例：紅一方面軍與紅四方面軍會師後，紅四方面軍政委張國燾與毛澤東爭奪領導權，兩邊的基層官兵也發生了爭論：到底是毛主席的學問大還是張主席的學問大，四方面軍的幾個戰士說張國燾學問大。[16]對於沒有文化的工農出身的基層士兵來說，學問大意味著具有革命領導者的資格。從基層官兵的這場爭論，可以看出基層士兵對知識的尊敬，對大學問的崇敬，那是一種遙遠距離的仰視。在這些工農出身的士兵的頭腦中，不可能存在其所屬階級壓倒知識與知識份子的思想的力量。

前面引用的何其芳轉述某位朋友的話“工人同志們並不輕視知識份子，並不象知識份子那樣輕視知識份子”，實際上告訴讀者，輕視知識份子的傾向究竟來源何處。

1934 年夏，農民出身的紅四方面軍 274 團團長秦基偉突然被降職，調到司令部參謀處當普通參謀。秦基偉數十年後得到機會向當時擔任司令部參謀徐深吉詢問原因。

徐深吉說，事情起因是有一次秦基偉到參謀處領東西，打領條，字寫得龍飛鳳舞，被張國燾看見了。他說：“我看秦基偉能說會道，還能給參謀處寫領條，像個知識份子。”於是就有撤職之舉。

秦基偉聽了，還是不明白：“我才讀了一年私塾，

16 薄一波《憶毛澤東同志二三事》,《人民日報》1981 年 12 月 26 日。

算什麼知識份子呀？退一步說，就算是知識份子，那該重用呀，怎麼反而撤職？”

徐深吉解釋道：“你那時在下面，不瞭解情況，我們在總部可是嚇得不輕。張國燾有個歪理：工農同志在工作中犯了錯誤，黨可以原諒三分，倘是知識份子犯了錯誤就要加重三分。其實那時候知識份子與反革命差不多就是同義詞。”[17]

在農民出身的士兵、幹部占絕大多數的紅軍裏，只有知識份子出身的張國燾周圍有輕視敵視知識份子的觀念，遠離這個圈子的基層團隊的農民出身的幹部，甚至對輕視敵視知識份子的觀念是否存在都了無所知，當然更談不上輕視敵視知識份子。

這種輕視敵視知識份子的觀念，最早的來源是蘇聯，中共在大革命前後引進，最先接受的也是黨內的知識份子圈，黨內的工農成分則距離這種觀念較遠。

工農出身的紅軍士兵在獲得了某個高層次的權力之後，據說有可能表現出隱身在農民對知識份子的尊敬的背後的嫉妒和自卑，以及對於與己不同的任務的嫌惡感，有可能將這些嫉妒、自卑、嫌惡發洩到地位低於自己的知識份子身上去。延安整風運動之後數十年間，時常出現這類現象。

在延安整風期間，工農出身的中共高級幹部賀龍、

17 《中國人事報》1997 年 9 月 7 日。

王震，作為中共內部工農幹部的代表，曾對延安知識份子、延安作家進行過猛烈的批評。

當時，工農出身的老幹部與延安外來知識份子存在一些矛盾，就象前田利昭在《毛澤東的文藝論》中指出的那樣，這些矛盾主要是工農幹部追求延安知識女性導致的矛盾，以及延安作家、知識份子對延安不良現象的批評引發的一些矛盾。[18]延安整風運動期間，毛澤東曾借助賀龍、王震這些工農幹部對延安知識份子、作家的不滿，增強對延安知識份子、作家的批評力度。胡喬木和劉白羽在自己的回憶性文章中都記錄過延安整風開始的時候毛澤東對賀龍的支持及親密態度。

實際上賀龍並非毛澤東的直系老部下。中國共產黨開始對日遊擊戰建立敵後根據地之際，毛澤東將自己的老部隊八路軍 115 師派往比較富裕擴軍較易的山東省、河北省及靠近河北省的山西省東部的廣大地域，而派遣賀龍的 120 師去貧窮的晉西北，結果，到 1945 年日本投降時，原本 1 萬人的 115 師擴展到 30 萬人以上，而原本 1 萬人的 120 師則僅發展到五、六萬人的規模。1939 年 1 月，何其芳率魯藝的實習學生隨賀龍 120 師從晉西北赴冀中。當時冀中的廣大農村地區雖然是敵後，但基本是日軍軍事力量的空白，為數眾多的抗日武裝控制了冀中的大片土地，隨後這些抗日武裝大都被中共的呂正操

18 《中國の文學論》，頁 326-329，汲古書院，1987 年。

部吸收。毛澤東將呂正操部歸入聶榮臻的領導下，而聶榮臻則是 15 師政治部主任，其部隊是從 115 師獨立團擴展而來。聶榮臻與呂正操試圖整頓改編冀中的抗日武裝的時候，遇到一些困難，因為改編整頓這些抗日武裝所需的兵力及幹部不足，聶榮臻便向賀龍求援。於是賀龍於 1939 年 1 月率直系部隊 6000 人來到冀中，助力聶榮臻改編整頓這些抗日武裝。作為出力的補償，賀龍將一部分抗日武裝（約 2 個團的兵力）編入自己麾下帶回晉西北。賀龍執行此次軍事行動的動因之一是 120 師處身貧窮的晉西北，擴軍困難。[19]

王震所部，原是賀龍 120 師下屬之 359 旅，也不是毛澤東的直系老部隊。

而延安知識份子、作家與賀龍、王震之間，並無直接或間接的隸屬關係。1939 年 4 月，賀龍希望將何其芳率領的魯藝實習學生隊歸屬本師，何其芳與另一個領隊拒絕了這個要求。同理，賀龍、王震對延安知識份子、作家的批評、指責，若沒有賀龍、王震與延安知識份子、作家的共同上級毛澤東的支持，延安知識份子、作家完全可以象何其芳 1939 年 4 月時拒絕賀龍的要求那樣拒絕之。在延安整風之前，一些工農幹部對於延安知識份子也有過不滿和指責，特別是在工農幹部追求知識女性方面，這些指責多被延安知識份子視作封建意識的表現。

---

19 《陷寇汪洋》，頁 265-275，解放軍文藝出版社，1995 年。

丁玲的《三八節有感》、莫耶的《麗萍的煩惱》、劉白羽的《胡靈》都觸及了這個問題。

賀龍、王震是怎麼批評知識份子的呢？除了“前方的同志為全黨全國人民流血犧牲，你們在後方吃飽了罵黨”之外，1944 年 3 月 8 日王震對魯藝學生說了以下的話，被何其芳記錄下來：

> “我的老婆常常向我說，她從前在北平上學的時候是一個窮學生。”他的老婆是北大畢業的。“有一次我就問她：你說你是窮學生，那時候你一年用多少錢？她說，她一年用一百多塊銀洋。我就說，你一年用一百多塊銀洋還算窮嗎？在南方的農村裏，那時一石穀子只能賣六七塊銀洋。一百多塊，那要多少個農民終年勞動才能生產得出來？”他感歎地說了最後一句：“對於工農，大家真是應該努力為他們做事情，將功折罪呵。”[20]

在此，鐵路工人出身的王震，顯示出將工農淩駕于知識份子之上位的觀念，確實與秦基偉等基層幹部士兵有很大的不同。王震在延安具有超過一般延安知識份子的地位與權力，娶了一位北京大學畢業生為妻，對知識份子有了一定的優越感。王震屬於中共高層，與中共最

---

20 何其芳《記王震將軍》，《何其芳文集》第二卷，頁 287-288。

高領導層的距離已經很近，對中共意識形態中批判小資產階級知識份子的觀念耳濡目染。終於，我們看到，在一個工農身上出現了工農壓倒知識份子的思想。如果僅僅具有超過知識份子的地位與權力，是不可能達到這種思想的。民國初年有不少出身農民的軍閥，獲得了超過1942 年的王震的權力與地位，但他們至多只能將自己淩駕於知識份子之上，而不能在思想觀念上將農民淩駕於知識份子之上。王震之所以能以工農的名義將知識份子壓倒，原因並不是工農幹部的龐大數量，而是中共意識形態的支持。

賀龍、王震所代表的中共內部工農勢力對延安知識份子、作家的批評，構成了後者思想改造環境的一部分，但並不是最主要的部分。從賀龍、王震嘴裏吐露的“思想”，與下一章中將要考察的延安知識份子、作家自我否定自我批判的觀念、邏輯大相徑庭，這些“思想”對於延安知識份子、作家來說，不過是意識形態的一種樸素的參照。這種參照與其說是工農幹部強加給知識份子的，不如說是知識份子思想改造自身所需要的。

第四節　政治·意識形態權威與文學權威

中國共產黨的意識形態，從二十年代的傳來期，中間經過三十年代前半的中國社會性質大爭論，到三十年代末，以毛澤東的《中國革命與中國共產黨》、《新民主主義論》為標誌的馬克思主義中國化，終於迎來了它的成熟階段。在以王明為首的國際派威信掃地之前，毛澤東作為中國共產黨的最高領導人與意識形態的最高權威，難說確立。在延安整風之前的幾年，中國共產黨的政治權威、意識形態權威尚未進入文藝領域，延安作家事實上的自治與中共領導層對延安作家的尊重是其表像。延安作家們在政治領域是承認以毛澤東為首的中共領導層的權威的，而在文藝領域，則拒絕承認中共領導層的權威。劉白羽在其回憶錄裏，寫了這樣一些情況：

> 在這之前，文藝界有人有一種相當自負的觀點，因此對毛主席也是頗為輕視的。那意思是說，政治你在行，文藝未必在行吧！[21]

那時，在延安作家的頭腦中，政治、意識形態的權威也是文藝領域的最高權威這樣一種觀念是不存在的。對於幾位比較有名的延安作家來說，文藝上的最高權威應該是莎士比亞，是托爾斯泰，是魯迅，再往下可能就是自己了。延安文藝座談會上蕭軍要做世界第一和中國第一作家的宣告顯示了這種想法的可能性。

21 《劉白羽文集》第九卷，頁 366。

“五四”新文化運動，是中國近代化運動在先後經歷了經濟方面及政治制度方面改革的失敗之後，又嘗試思想文化的反思的結果。思想文化的反思是當時近代化運動的中心，所以思想文化方面的權威也就成為那個時代近代化運動的權威。“五四”新文化運動之後的近代化運動的中心，又從思想文化的反思移至社會革命，移至能夠統括社會各方面的意識形態的樹立，這是三四十年代的時代大勢。中共領導層擁有了體現人民主體的意識形態，擁有對外能夠抵禦列強，對內能夠進行宏大的社會變革的能力。而延安作家在此宏大的社會變革運動面前，擁有的只是文學。

延安作家喪失主體性的過程與毛澤東確立政治、意識形態權威的過程，時間上是並行的，內容上則相互浸染。以毛澤東為首的中共領導層感到來自延安作家的挑戰，[22]為了樹立、維持黨中央的權威，打破了前述政治權威與文學權威互不干涉的局面。局面一旦打破，面對延安作家，中共領導層佔有政治的意識形態的組織的經濟的全方位的優勢。

在延安文藝座談會上，艾青以文學特有的文學真實性的規律為擋箭牌，試圖抵禦中共的政治意識形態權威

22 王實味 1942 年 3 月 13 日在延安《解放日報》文藝副刊發表了《野百合花》的《前言》和《一、我們生活裏缺少什麼》與《二、碰〈碰壁〉》。毛澤東看後猛拍辦公桌上的報紙，厲聲問道：“這是王實味掛帥，還是馬克思掛帥！”《胡喬木回憶毛澤東》，頁 449，人民出版社，1994 年。

進入文學領域，在中共領導層的全面優勢前，艾青的抵抗在理論上很輕易地被擊潰了。

> 新現實主義之所謂真實，不能只是對於現實主義生活之表面的現象的精確地描寫，必須抉發對象的本質，區別其主要的與部分的，把握它的過去與未來。
>
> 因此，作者在小說裏面的環境的安排便是不正確的。[23]

以上的文字，是延安整風運動中，文藝評論家燎瑩對丁玲小說《在醫院中時》的批評。能最正確地認識這種“現象的本質”，應該是意識形態的權威，而不是文學的權威，這是意識形態時代的常識。因此，作家對於生活的真實的描述也必須與意識形態權威的認識相一致。

接著，評論家又寫道：

> 作者顯然忘記了一個事實，忘記了他是在描寫一個黨的事業的醫院。[24]

“作為黨的事業的醫院”是什麼樣的，業已為意識形態權威對党的事業的規定所涵蓋，對於作家來說，第

23 《丁玲研究資料》，頁 277，天津人民出版社，1982 年。
24 《丁玲研究資料》，頁 277。

一要務，不是僅僅遵從自己對生活的認識，而是不忘意識形態權威對生活的定性。否則就會有燎瑩這樣的評論家過來批評、規勸。

1942 年 6 月，丁玲在受到中共領導層的批評之後，做了如是自我批評：

> 我們的方法是現實主義的方法，聯繫地發展地看問題。而且在變化之中看矛盾，看新與舊的鬥爭，肯定地指出真理屬於誰，這是文藝上的一個基本問題。很多問題都由此產生，譬如“寫光明呢，還是寫黑暗？”便是一個例子。[25]

這種現實主義方法，已經超越了文學的範圍，進入了以毛澤東為最高權威的歷史唯物辯證法的範疇。之前丁玲提倡的對延安所保有的“舊習慣、封建意識”的批判，就像毛澤東在《文藝講話》中指責的那樣，是具有“暴露人民”傾向的，因此，丁玲必須進行自我批評。

總之，當毛澤東的政治意識形態權威進入文藝領域時，延安作家的任何文學權威都不存在了。在對社會生活的觀察、認識方面，延安作家必須服從政治意識形態權威。

25　丁玲《關於立場問題之我見》，《抗日戰爭時期延安及各抗日民主根據地文藝運動資料（上）》，頁 175-176。

第三章　否定與自我否定

第一節　毛澤東對延安知識份子、延安作家的批評

延安整風運動的整頓目標有一個從最初的“洋八股”轉向延安知識份子、作家的過程，毛澤東召開延安文藝座談會的目的之一是鞏固因延安作家對延安的批評而有些許晃動的中共領導層的權威。這也是毛澤東本人的領導權威樹立鞏固行動的一部分。

毛澤東整頓延安文藝界，採取了以下幾個步驟：

一、調查。延安文藝座談會召開前，毛澤東先後與丁玲、蕭軍、艾青、何其芳、劉白羽、歐陽山等至少十數名延安作家進行了面談，對延安文藝界存在的各種觀點，特別是“反面的”觀點做了瞭解。[1]

二、對文藝座談會上可能發生的爭論做了準備。延安文藝座談會前，中共中央組織部長陳雲面談了黨員作

---

1 武在平編《巨人的情懷 — 毛澤東和中國作家》，中共中央黨校出版社，1995 年。

家丁玲、劉白羽，陳雲指示：“對於黨員作家來說，首先是黨員，其次才是作家。” “不僅應該組織上入黨，思想上也要入黨。”劉白羽在其回憶錄中寫道：“陳雲的這次會面，明顯是為文藝座談會做準備 — 要讓我們站在黨的立場上發言。”[2]丁玲、劉白羽屬於文抗系統，延安的另一個作家群在延安魯藝，中央在魯藝應該也做了相應的工作。

三、毛澤東在延安文藝座談會上做了後來題為《在延安文藝座談會上的講話》的演說。這是毛澤東初次以自己的政治意識形態權威進入文藝領域。

四、1943 年初，中共中央事實上解散了文抗，將大部分文抗作家編入中央黨校三部參加整風，開展了審幹運動、搶救失足者運動，以群眾運動的方式讓延安知識份子、作家互相揭發、自我坦白，甚至逮捕了若干名作家。僅憑有限的資料，已知至少作家黃鋼、李又然有被捕的經歷，在被拘押期間，黃鋼違心地承認自己是國民黨特務。[3]

五、在整風運動的最後階段，黨員作家要向黨支部提出詳細的自傳與思想自傳。在思想自傳裏，必須進行嚴酷的思想反省自我批評，否則不能通過黨組織的評審。劉白羽在回憶錄中描述了自己在寫思想自傳時的靈魂的痛苦。劉白羽總共寫了五稿思想自傳，前四次都沒

---

2 《劉白羽文集》第九卷，頁 367。

3 《巨人的情懷》，頁 176，周良沛《丁玲傳》，頁 522。

通過審查，為了通過審查，必須比前一次更加嚴厲地進行自我批判反省。最痛苦的時候，劉白羽想到自殺。終於，劉白羽第五次遞交思想自傳的時候，書記露出了笑容，劉白羽通過了審查。劉白羽和何其芳都是第一批通過審查的，在他倆通過審查的 1944 年初的時點，多數延安知識份子、作家依然處在審查當中。[4]

對毛澤東的《文藝講話》的內容，日本學者前田利昭曾做過這樣的概括：

> 他首先將"五四"以來的文藝定位為中國革命的"文的與武的"兩條戰線中的一條。文藝是"從屬於政治同時又反過來給予政治大的影響"。文藝應站在人民的"立場"，特別是工農兵的立場，為工農兵服務，因此應首先重視普及，其次才是品質的提高，用人民能理解的語言寫作，不是像過去那樣人民向知識份子的方向提高，而是知識份子向工農兵的方向提高。文藝創作必須深入文藝的源泉 —— 人民的現實生活中學習。文藝批評有政治標準與藝術標準，政治標準是首要的……等等。[5]

4 《劉白羽文集》第九卷，頁 399-402。
5 《中國の文學論》，頁 322。

本書將關注的重心置於《文藝講話》對於延安知識份子、作家的思想改造的功用方面。

毛澤東在《文藝講話・結論》部分中指明："現階段的中國新文化，是無產階級領導的人民大眾的反帝反封建的文化"，這種文化"屬於人民大眾"。[6]這個觀念是毛澤東由中共意識形態引申出來的。

毛澤東指出：這個觀念雖然早已為所有的延安作家所承認，但他們在實際的文學創作中並未怎麼體現此觀念。他們口頭上說愛工農兵，實際並不愛工農兵的情感和樣子。他們的興趣依然在小資產階級知識份子那裏，他們站在小資產階級立場寫作小資產階級自我表現的作品，他們的靈魂深處依然是小資產階級知識份子的王國。

毛澤東接著主張：因此，延安文藝工作者應該將立場從小資產階級知識份子移到工農兵上來，應該展開無產階級思想對非無產階級思想的鬥爭，中共黨員、革命的文學家都應該做勞動人民的孺子牛，為人民大眾服務。

上述理論得以成立的一個前提，是延安知識份子、作家的自我犧牲精神的存在。毛澤東所論述的"為工農兵"捨棄"小資產階級思想感情"，當然是在要求延安知識份子、作家做出自我犧牲。但在《文藝講話》中，這種自我犧牲是不言明的底流，而文章的表層文字卻一直在講中共意識形態的階級序列，工農是上位，小資產

6 毛澤東《在延安文藝座談會上的講話》，《毛澤東集》第八卷，頁118-123，日本蒼蒼社，1983 年。

階級是下位，而且工農對小資產階級知識份子的上位包括了思想的上位、道德的上位、情感的上位，因此延安的文藝工作者應將自己的小資產階級思想感情打破，向工農的方向進行改造。按照這種定性，此種改造行為是改正錯誤走向正確的行為，而不是為他人為大眾犧牲個人情感世界自我犧牲行為。在這裏，自我犧牲並未作為崇高的道德基準被意識到，而是成為中共陣營內部的一種普通倫理，成為承載人民主體的橋墩。自我犧牲成為一種基本性的道德基準，成為普通性的倫理，正是自我犧牲徹底化的結果。

這裏的自我犧牲具有與平民化、人民崇拜的觀念合流的傾向。毛澤東將工農兵、人民規定為延安知識份子自我犧牲的目的的同時，也將工農兵規定為延安知識份子改造的目標。

但在另一方面，《文藝講話》的《序言》部分，言明延安文藝工作者的另一個身份。《序言》倫理的一個出發點是戰爭動員的現實需要，它不同於中共意識形態的規定。延安文藝工作者是“團結”、“教育”“人民大眾”的文藝武器的使用者，也是大眾的教育者組織者。他們掌握有大眾不掌握的“大道理”，具有讓大眾接受這些“大道理”的責任。為了更有效地讓大眾接受這些“大道理”，才產生了接近大眾、瞭解大眾、熟悉大眾的情感和語言的必要。接著，毛澤東介紹了自己情感變化的經驗：

我是個學生出身的人，在學校養成了一種學生習慣，在一大群肩不能挑手不能提的學生面前做一點勞動的事，比如自己挑行李吧，也覺得不像樣子。那時，我覺得世界上乾淨的人只有知識份子，工人農民總是比較髒的。知識份子的衣服，別人的我可以穿，以為是乾淨的；工人農民的衣服，我就不願意穿，以為是髒的。革命了，同工人農民和革命軍的戰士在一起了，我逐漸熟悉他們，他們也逐漸熟悉了我。這時，只是在這時，我才根本地改變了資產階級學校所教給我的那種資產階級的和小資產階級的感情。這時，拿未曾改造的知識份子和工人農民比較，就覺得知識份子不乾淨了，最乾淨的還是工人農民，儘管他們手是黑的，腳上有牛屎，還是比資產階級和小資產階級知識份子都乾淨。這就叫做感情起了變化，由一個階級變到另一個階級。我們知識份子出身的文藝工作者，要使自己的作品為群眾所歡迎，就得把自己的思想感情來一個變化，來一番改造。[7]

7 毛澤東《在延安文藝座談會上的講話》,《毛澤東集》第八卷,頁 116。

毛澤東在這裏言明工農在道德情感方面處在小資產階級知識份子的上位，這種知識份子與工農的關係，與戰爭動員所需要的延安文藝工作者對工農大眾的關係正好相反，卻順應了《結論》部分的中共意識形態中的階級序列。毛澤東並未顧及這裏面的自我矛盾，但這種矛盾恰與延安知識份子在中共意識形態與中共現實革命中的兩種相互矛盾的身份相對應。一種是處在大眾上位的教育者組織者，同時也是道德高尚的自我犧牲者，另一種是處在工農下位的思想改造者，後者的產生與工農本身並無直接關係，主要與中共領導層對延安知識份子的管理有關，這也是毛澤東召開延安文藝座談會的一個初衷。

那麼，毛澤東所言思想改造的目標 —— 無產階級思想，究竟包含什麼內容呢？毛澤東本人並未清晰地闡明。1987 年出版的《中國大百科全書·哲學卷》，內有徹底的自我犧牲精神為中心的“共產主義道德”條目，無產階級思想則沒有相關詞條。中共傳統的馬克思主義者與二十年代末的中共系統的文學家、文學理論家都將無產階級階級意識作為小資產階級知識份子轉變為馬克思主義者的關鍵。[8]毛澤東的《文藝講話》在這之外又加上自我犧牲與工農的思想感情。但是，中共領導層也明白，在工農的頭腦中幾乎沒有什麼自我犧牲、馬克思主義階

8 近藤龍哉《左連期の文學論》，載《中國の文學論》。

級意識，所以毛澤東強調工農思想感情（工農化）的原因，恐怕還是在以之改造知識份子的思想。

《文藝講話》同樣以自我犧牲的標準否定了延安作家的文學活動。延安作家嘴上都說為人民大眾的文藝，但在實際行動中主要不為工農大眾而是為自己，所以，延安作家應該批評否定。

> 在理論上，或者說在口頭上，我們隊伍中沒有一個人把工農兵群眾看得比小資產階級知識份子還不重要的。……在實際上，在行動上，……有許多同志比較地注重研究小資產階級知識份子，分析他們的心理，著重地去表現他們，原諒並辯護他們的缺點，……把自己的注意力放在研究和描寫知識份子上面。……他們是把自己的作品當作小資產階級的自我表現來創作的。[9]

要而言之，毛澤東的《文藝講話》，以自我犧牲標準的徹底化，並以人民主體的意識形態，造成對延安作家現時狀態的否定，促其走上思想改造之路。如此否定之下的延安作家，面對毛澤東偉大正確的政治權威意識形態權威，不得不動搖其從"五四"時代開始持有的近

---

9 毛澤東《在延安文藝座談會上的講話》，《毛澤東集》第八卷，頁 19。

代知識份子的主體性。

第二節　延安作家的自我批評

延安文藝座談會之後，延安文藝界展開了對小資產階級思想情感的批判。

何其芳在延安文藝座談會召開的前幾天，在《解放日報》上發表了六首詩。這些詩表現了自我犧牲、平民化的願望，以及知識份子的傷感的纖細的幻想的情感世界。這種情感應該是獻身革命的知識份子留給自己的最後的內在空間。何其芳的詩表現了延安眾多青年學生的共同情感，為眾多的延安青年學生所喜愛。[10]

1942 年 6 月至 7 月，《解放日報》先後發表三篇評論何其芳詩六首的文章。[11]最初的吳時韻的文章對何其芳的批判最為激烈，隨後的金燦然和賈芝的文章的批評就比較和緩了，甚至在數十年後看來也屬公正之論。金燦然和賈芝的文章體現了在之後的數十年間普遍存在的一個傾向。這二人在批評何其芳時使用的邏輯，與延安整風運動中對延安知識份子、作家的小資產階級思想情感的批判的邏輯完全一致，完全是《文藝講話》自我犧

---

10 雷加《四十年代初延安文藝活動（三）》，《新文學史料》1981 年 4 月。

11 《何其芳研究專集》，頁 511-537。

牲徹底化邏輯的複印版。即批判者以與被批判者共通的自我犧牲標準，對被批判者還保留有屬於自己的個人的情感世界及一部分個人利益，未將它們為人民全部犧牲掉的行為，進行批判。

金燦然這樣批評：

> 他不顧個人的和平與幸福，抵制住那些東西對他的誘惑和擁抱，固執地要同工農在一起，把自己的命運緊系在他們的命運上，這種舍己為群的精神，是悲壯的、值得欽佩的。然而，儘管他肯定著，他與工農的聯繫“沒有什麼東西能夠分開，沒有什麼東西能夠破壞”，但他與工農之間卻有著一個間隔，不能融成一片，他是個在河邊徘徊的詩人，是個留戀著“種種純潔的事情”、愛著“地上有花，天上有星星”的歌手。[12]

這種批評中所體現的否定小資產階級知識份子的邏輯，是何其芳所不能反駁的。自我犧牲的基準是何其芳自己也提倡的，而且他確實未能徹底達到他所提倡的基準。因此，在邏輯上何其芳不能拒絕這種批判，同時他也不能拒絕同樣內容的自我批判。能夠徹底達到自己所

12 《何其芳研究專集》，頁 546。

主張的自我犧牲基準的共產黨員應該是這個世界上極為稀少的，因此，幾乎全部共產黨員都無法拒絕同樣內容的自我批判。

於是，何其芳如此這般反省一番：

> 在幻想中，自以為如何忠實於革命，熱情得很，但碰到個人利益與集體利益有矛盾時，則不是公開抗拒革命的組織，也至少心裏要不舒服很久。而且往往驕傲自大，實際除了執筆為文以外，其他所知所能真少得很，甚至就在寫文章上也是自信自負多於真正的成就。這些毛病，我們過去都是或輕或重地犯著的。整風以後，才猛然驚醒，才知道自己原來象那樣外國神話裏的半人半馬的怪物，雖說參加了無產階級的隊伍，還有一半或一多半是小資產階級。[13]
>
> 從個人出發的思想情感之反復談論。快樂呀，過去呀，私人問題要善於處理呀，等等，這些都說明了最經常，最根深蒂固地佔據著我當時的腦子的還不是憂國憂民，而是憂己憂私。[14]

---

13 《何其芳文集》第三卷，頁 39。

14 《何其芳文集》第二卷，頁 269-270。

丁玲也寫下了相同意思的文字：

> 只要我們能夠熱忱於工作，我們就會毫不感到生活的問題，如果還有問題，那是我們還有許多個人打算，我們有安逸的打算，我們為人民服務的心很不純，而且是很少的，這就需要嚴格地批評自己，進行殘酷的自我鬥爭。[15]

這裏的自我犧牲要求，已經徹底到絕對化，幾乎達到完全消滅個人權利的地步。以下的文字，是丁玲在 50 年代初的一次演說記錄的一部分。在演說中，丁玲以過來人的口吻告訴建國初期的知識青年，知識份子到農村去容易碰到什麼問題，怎麼解決，這一類的經驗。徹底化的絕對化的自我犧牲的基準下，知識份子的個人私權會犧牲到何等程度，丁玲如是說：

> 容易有寂寞、找不到朋友的感情。有許多人下鄉了，什麼都覺得沒問題，就是寂寞，工作也能做，同老幹部也能相處，同群眾關係也還好，可是總想過去的朋友，希望忽然會看見一個舊友，理想中以為如果有這樣一

15 丁玲《知識份子下鄉中的問題》，《丁玲文集》第四卷，頁 308。

> 個朋友，談談心多好，總覺得自己心裏還有一些話找不到人說，悶得慌。這是什麼原因呢？這是因為自己的感情還沒有與群眾生活聯繫起來，自己感覺有趣的事，都不是老幹部、群眾能感覺有興趣的。自己總還有一個感情的小天地，這個小天地，只有懂得的人，只有也有同感的人才能與他談心。這個小天地是些什麼呢，是些幻想，是些留戀，絕不是現實工作中所發生的問題，而是高遠的，不可捉摸的一些東西。實際這種小資產階級出身的知識份子的寂寞病，就是不到農村中來也有的，這是傳染病，從那些資本主義的頹廢文學裏傳染來的。如果真真鑽到現實工作中去，鑽到群眾裏去，那麼自己最感興趣的也就是工作中的問題，是群眾的生活與要求。[16]

看以上這些引文，可以感覺到，自我犧牲的精神雖然實際上依然存在，但在名目上，已經被代以“為人民服務”，這可以說是自我犧牲與對人民主體觀念依附的合流。

賈芝在《漫談何其芳同志的詩六首》一文中如此指

16 丁玲《知識份子下鄉中的問題》，《丁玲文集》第四卷，頁 315-316。

責何其芳：

> 作者用對自己說過的話“缺少一些東西又算得什麼呢？為了革命，我們不是常常說著犧牲？”勸L·I·同志，實際上對他，對L·I·同志都沒有徹底幫助；因為問題不在忍受犧牲，而在消滅這種特別的感覺和要求。[17]

為了革命，知識份子消滅個人情感的行為當然是自我犧牲性質的行為，但賈芝認為應該抹去這種自我犧牲的意識的痕跡。觀念上的工農兵、人民在中共意識形態的支持下，成為崇高道德的本源，小資產階級思想情感被從正義的世界裏排除出去，作為無價值的或不好的東西被否定。因此，知識份子消滅個人情感世界的實際是自我犧牲性質的努力，卻不允許作為自我犧牲被自我犧牲者認識。自我犧牲走到這裏，已經與大眾化、人民崇拜的觀念合流成一體。工農兵、人民既是延安知識份子自我犧牲行為的目的，也是知識份子將自己最後的個人情感無價值化，將自己同化于人民的行為的目標。

與此同時，何其芳所描寫的苦難的大眾形象，也在整風運動中被否定。金燦然在《間隔》一文中這般指責：

---

17 《何其芳研究專集》，頁 559。

> 為生存、為求自己及全人類的解放而面向現實，在先進的政黨領導下與民族敵人及舊社會進行殘酷的搏鬥，並用自己的手和腦在征服者頑強的自然的二十世紀四十年代的工農大眾，在作者的筆下是被歪曲的表現出來了，他們完全成了待人打救的可憐蟲。[18]

賈芝針對何其芳眼中“有著滿是皺紋而且污穢的臉的”“唱著悲哀的歌的”“做著沉重的夢的”“歎息著的”人民形象，批評道：

> 他們……比起小資產階級的品質來，他們有著更高尚的為人的品質，他們快樂地戰鬥著的在現在已經比較是大多數了。[19]

整風運動中要求的人民形象，當然是根據意識形態權威的規定得出的，甚至表現這種人民形象的語言都帶有毛澤東語言的痕跡。

弱小孤立的知識份子在抵抗強大敵人的時候，需要意識形態所規定的力量雄偉的人民形象。當這個抵抗運動變得越來越強大時，這種人民形象對於抵抗運動及其

18 《何其芳研究專集》，頁 547。
19 同上注，頁 556-557。

領導人來說似乎更為必要。恐怕正是因為後者的緣故，人民形象中的苦難因素才逐漸褪去，反抗、鬥爭的因素成為了人民形象的主要成分。

於是，何其芳做了這樣的自我批評：

> 這個時代，這個國家，所發生過的各種事情，人民，和他們的受難，覺醒，鬥爭，所完成著的各種英雄主義的業績，保留在我的詩裏面的為什麼這樣少呵。這是一個轟轟烈烈的世界，而我的歌聲在這個世界裏卻顯得何等的無力，何等的不和諧。[20]
>
> 當勞動人民及其先鋒隊在戰場，在農村，在工廠，在其他種種崗位上創造著新的世界，新的歷史的時候，我想像的"我那些兄弟們"還是舊的人民，"汗流滿面"才得糊口，或者，"睡在那低矮的屋簷下"。[21]

在這裏，與過去的何其芳的自我犧牲願望相對應的苦難的人民形象，對於進入中共意識形態的框架下的延安作家來說，已經是落後於時代的東西了。這種苦難的人民形象，兼有等待小資產階級知識份子拯救的被動的"可憐蟲"的氣味，這不僅與革命運動對於抵抗主體的

20 《何其芳文集》第二卷，頁 254。
21 同上注，頁 255。

需要不符，也容易令延安知識份子、作家感受到精神上的優越感，不利於知識份子的思想改造。以覺醒、反抗、鬥爭為主要因素的人民形象既要成為知識份子自我犧牲行為的目的，同時也要具有將小資產階級知識份子的思想情感推壓到道德的地獄裏去的力量。毛澤東本人對於此點並未明言，但在徹底化的自我犧牲標準下進行道德競走的延安知識份子，自動自覺地將自我犧牲的意識替換為為人民服務的意識。

何其芳在延安整風運動中及運動後，對於延安整風運動前的自己的行為，不停地進行過度的自我批判。例如，他將自己在 1939 年 4 月與魯藝學生實習隊一起從前線撤回延安的行動批判為“像戰敗的士兵”“可恥的逃跑”。實際上何其芳在前線表現出非常的勇氣及獻身精神。與何其芳一起去前線的作家沙汀稱他們離開賀龍 120 師的原因是 120 師部的老幹部追求魯藝學生實習隊的女學生太過猛烈。當時的賀龍希望將魯藝學生實習隊收為師部管轄，延安整風期間賀龍回到延安，曾向何其芳表示過對魯藝的“關門提高”的教育方針的不滿，“把好學生好幹部留在學校，不送往前線。”[22]何其芳對賀龍做了自我批評，表示自己在前線的工作沒有做好。賀龍表現得很寬大，好像完全忘記了過去的事，說“你們幹得很好”。[23]

22 同注 20，頁 298。
23 何其芳《記賀龍將軍》，《何其芳文集》第二卷，頁 299。

何其芳認為賀龍的回答是“寬大”性質的，並不是賀龍心裏真實的意思。實際上，賀龍是覺得自己部隊缺少文藝幹部，沙汀、何其芳和魯藝學生隊是很合適的幹部，他很需要這些幹部。但何其芳堅持認為賀龍是“代表了無產階級和它的軍隊來向我們文藝工作者提出要求，來對我們這些小資產階級出身的知識份子提出抗議。”[24]如此過度的自我批評，雖然接近、符合中共意識形態，但離事實確實遙遠了。此時的何其芳，距離1938年剛入延安時的面對中國共產黨“請允許我保留批評的權利”的何其芳也同樣遙遠，近代知識份子的主體性已在何其芳身上消失無蹤。

八路軍總司令朱德在延安文藝座談會針對蕭軍“魯迅一直是革命的沒有什麼轉變”的發言，說：

> 豈但轉變，我說就是投降。我原來不是無產階級，因為無產階級代表的是真理，我就投降了無產階級。[25]

朱德用軍人特有的語言，將非無產階級向無產階級的轉變稱作“投降”，在之後的整風運動中，丁玲、何其芳、劉白羽都曾用“投降”表現過自己從小資產階級立場向無產階級立場的轉變。“投降”這個詞雖然與事

24 何其芳《記賀龍將軍》，《何其芳文集》，頁299。
25 何其芳《朱總司令的話》，《何其芳文集》第二卷，頁301。

實有所不符，但卻很適合他們的過度的自我批判。在整風的壓力環境中，拼命自我批判的人比客觀自我反省的人更能在道德競走運動中佔據有利位置，至少可免落後，以便於延安作家們可順利安全地回歸黨和“人民”的懷抱。

然而，延安整風運動之後，現實世界的延安知識份子、作家與工農大眾的關係依然是教育者與受教育者、組織者與被組織者的關係。延安整風運動與延安知識份子的思想改造並沒有改變延安知識份子作為大眾教育者組織者的身份。本來具有某種主體性的主動的啟蒙者，向服從於黨的意志的被動的教育者、組織者的身份移動。他們的思想改造並不基於現實世界的工農的思想感情，而是基於觀念上的無產階級世界觀，他們與農民的結合，在現實中的結合對象並非觀念上的作為“人民”的主體的農民，而是現實生活中的農民。不管在身份上，還是在思想層次上，現實中的農民都必定處在他們的下位。關於此點，可參考經過思想改造的丁玲在五十年代初曾寫過一些涉及知識份子與工農大眾的關係的文字：

> 知識份子為了徹底改造自己的思想、感情，為了建立堅定的立場，與正確的分析方法，都必須有一個時期到群眾生活中去，到接近群眾的機關中去工作。……在群眾工作中你是幹部，就得決定每件事，要研究這件

> 事的決定怎樣才能符合政策，怎樣才能使群眾受益，而又正合乎他們的要求。每件事都逼得你有責任感，都逼得你一天天進步。[26]
>
> 我們一定要經過這個學徒時期，我們要替群眾出主意，就必須先懂得他們需要什麼，有什麼困難；從實際出發，有計劃，有步驟，有重點地去做。[27]

毛澤東關於知識份子自我思想改造的觀點，不管存在怎樣的內在張力，延安知識份子思想改造後的數年間，延安知識份子便是這麼理解毛澤東的思想的。這裏所表現的與大眾的既指導又學習的關係，可與思想改造前的丁玲在 1938 年寫的《適合大眾與取媚大眾》對照參看：

> 適合群眾，是求一切言語行為，不標新立異，與大眾共喜悅，同艱苦，瞭解群眾苦痛，幫助其解除，使他們逐漸對你的處事做人（就是工作表現）表示敬服。……我們現在要群眾化，不是把我們變成與百姓不一樣，不是要我們跟著他們走，是要使群眾在我們的影響和領導下，組織起來，走向抗戰

---

26 丁玲《知識份子下鄉中的問題》，《丁玲文集》第四卷，頁 306。
27 同上注，309 頁。

的路，建國的路。[28]

知識份子與民眾的這種關係，是從適應當時環境的中共革命的方式產生的，只要中共革命的方式不變，知識份子與民眾的這種關係就會繼續存在。

知識份子在接近民眾時所懷抱的，是為民眾可犧牲自我的心態。在這種心態中，無論知識份子怎樣謙虛地接近大眾，怎樣努力平民化大眾化，怎樣努力進入自我否定的精神修養的世界，甚至努力抹去自我犧牲的心理痕跡，在其行為的根底始終存在著精神上的自我實現的意欲。

在延安整風結束的 1945 年，何其芳總結前幾年自己的創作時，只對《饑餓》做了內容上的肯定。這種肯定必定不是何其芳一個人的意見，恐怕是經過了整風時的眾口的洗禮以及上級的首肯。

何其芳這樣寫道：

> 《饑餓》……是一篇我自己記得還寫得動人的文章，意思也是好的，但是我的饑餓的夢的內容乃是牛奶，糕點，筵席，這是何等本質地說明了我與勞苦人民還是同夢而又不同夢呵。[29]

---

28 丁玲《適合群眾與取媚群眾》，《丁玲文集》第四卷，頁 360。

29 何其芳《〈夜歌和白天的歌〉初版後記》，《何其芳文集》第三卷，頁 268。

何其芳的意思是，《饑餓》中的平民化努力，雖然發生在整風前，但經過整風再看，政治上也屬積極。對於在意識的潛流中支撐此平民化努力的知識份子的自我犧牲精神，以及精神貴族式的道德上的自我實現，何其芳沒有做任何有意識的說明，但不等於這些東西沒有以某種方式繼續在潛在意識中隱藏，並以"為人民服務"的名義繼續發揮功用。

延安作家就是這樣以在意識形態和現實中的雙重身份，沿著道德上的自我實現與平民化的道路同時前行。

1943 年末，劉白羽寫了以下文字：

> 1943 年春節時，我看見魯迅藝術學院的秧歌隊表演，當我看到這些小資產階級知識份子出身的藝術工作者，穿上農民的服裝，邁著農民的舞步，唱著農民的歌調時，我忽然感動得幾乎流出眼淚，我想到："我們原來應該是這樣的人啊！"[30]

自我犧牲、平民化、為人民服務、道德上的自我實現這些思想的溪流，在這一瞬間終於匯成一條大河，經過漫漫的歷史河道，奔流到海不回頭。

30 《劉白羽文集》第九卷，頁 385。

第三節　“人民”與個人

竊以為，中國共產黨的人民概念包含以下要素：

一、國家、民族的主權所有者。

二、創造歷史的主體，歷史發展的原動力。

三、“人民”以敵人的存在為自己存在的前提，社會分為人民與敵人兩個陣營。

四、人民的構成在各時期有所不同，工農兵是人民的主體，知識份子的地位則有微妙的變化。

在古代，就有“人民”一詞，都是在傳統的“民”的意義上使用，作為“官”的對照性的存在。

到了清末，革命黨人開始頻繁地使用“人人”一詞，根據日本學者溝口雄三的論述，“人人”的概念包括作為天下生民概念的“天生、多數、生存、均等”的內容與“自由、自主、自治、獨立等”近代公民概念的內容以及“作為個人的反對概念的共同性總體性”，後來這些內容的大部分轉移到“國民”概念之中。[31]“人人”以及“國民”的概念與人民概念的共同內容主要在上述人民概念的第一與第四要素中。

新文化運動時期，人民才是創造歷史的主題這一馬

---

31 溝口雄三《中國の公と私》，頁 68-71，研文出版，1995 年。

克思主義觀念傳入中國，最早宣揚這個觀念的人是李大釗。[32]後來以馬克思主義歷史唯物論為基礎的人民概念在中共文獻中出現。1922 年 6 月 15 日以中國共產黨中央執行委員會的名義發表的《中國共產黨對時局的主張》中，人民概念從內容到形式都獲得了確立。[33]

人民概念的大規模使用是在抗日戰爭爆發前後。通過抗日戰爭的全民動員，需要作為歷史創造的主體、歷史的原動力的"人民"，這種"人民"的使用範圍大幅超越了信仰馬克蘇主義的人群，幾乎成為全中國人共同的觀念。

在前一節中，考察了延安作家通過自我批判使人民形象中的苦難因素減褪，反抗、鬥爭的因素成為人民形象的主要構成，但實際上在這之後，苦難因素的人民形象依然是存在的。

1942 年夏天，毛澤東宴請延安的三個漫畫家吃飯，其中有一個漫畫家又向毛主席提了一個問題。他說："如果我在前方，叫我衝鋒，就是敢沖的。但敵人把我抓去，用嚴刑拷打，我怎麼辦？"

毛主席嚴肅地有力地說：

要想到勞苦人民。

---

32 野村浩一《中國革命の思想》，頁 44-52，岩波書店，1971 年。

33 中國社會科學院近代史研究所編《"五四"研究文選》，頁 591-602，三聯書店，1979 年。

吃完了飯，幾個漫畫家起身告辭。毛主席同他們走了相當長一段路，一直送到棗園門外，才和他們一一握手告別。毛主席握著那位剛才提問題的漫畫家的手告別的時候，又鄭重地反復地說：

要想到勞苦人民。[34]

毛澤東的這句話是針對知識份子自我犧牲的原動力而言的。“勞苦人民”即人民形象的苦難因素是知識份子自我犧牲生髮的原點。只要知識份子自我犧牲被時代環境所需要，苦難因素的人民形象就會作為人民形象的全體像的一個側面繼續存在。

閱讀何其芳、丁玲、艾青等延安作家的詩文，可以明顯感受到他們與工農大眾的情感的關聯。他們與現實中的工農交往的時候，有時會見到大眾所具有的“精神奴役的創傷”（胡風語），有時會在現實中的人民身上看到意識形態上的人民概念的若干要素，特別是在現實中的人民自發地或者在中共的領導與組織下發揮出巨大力量的時候（例如艾青看到群眾遊行的時候，何其芳置身於人民抗日遊擊戰的時候），他們感受到中共意識形態上的人民在現實中的存在。但有時候他們感受不到人

34 何其芳《毛澤東之歌》，《何其芳文集》第三卷，頁 64。

民概念與現實的聯繫。

何其芳在其晚年的作品《毛澤東之歌》中記載了一個這樣的時刻。

抗日戰爭勝利後，毛澤東從延安赴重慶與國民黨談判和平問題。當時，何其芳正好在重慶工作，國共內戰似乎一觸即發，何其芳對於中國的未來非常擔心。毛澤東在離開重慶的宴會上，用“洪亮、深沉、激動人心的聲音”說：

> 中國人民面前還有困難，將來還會有很多困難，但是中國人民不怕困難！[35]

數十年後，何其芳回憶起這一時刻，評論道：

> 這幾句話把以後一段重要的歷史發展，從三年多的全面內戰到全國解放，以至解放以後，都概括在內裏了。[36]

何其芳以個人的能力感知人民力量的時候，即陷於對時局與中國未來的焦慮，但何其芳通過毛澤東對“人民”力量的感知，即以毛澤東為媒介，才在這危急時刻感知到“人民”的偉大力量，產生了對中國未來的信

35 何其芳《毛澤東之歌》，《何其芳文集》第三卷，頁 119-120。
36 同上注，120 頁。

心。沒有組織起來的人民不過是“一盤散沙”，人民組織起來之後方才成為中共意識形態意義上的推動歷史前進的動力。只有能夠掌握這種“組織”的人也即政治權威兼意識形態權威才最能夠感知、把握、制禦“人民”的力量。象何其芳這樣的知識份子，既不掌握這種“組織”也不能以自己的能力時刻特別是在危急時刻感知“人民”力量，只能做這個巨大的“組織”機器的一個“螺絲釘”了。延安作家與“人民”的距離要遠遠大於毛澤東感知“人民”的距離。

如果握有權力，其他人也能聲稱感知到“人民”的力量。

1946 年，綏遠省主席傅作義率領國民黨軍隊擊敗中共賀龍、聶榮臻的部隊，佔領了解放區要地張家口市。隨後傅作義通電全國，將此次勝利稱作“人民意志的勝利”。國民黨報紙都登載了傅作義的通電。[37]傅作義洋溢在通電中的自信恐怕不比何其芳感受到的毛澤東對“人民”力量的信心稍弱。對於這時的傅作義來說，“人民”是屬於他這個勝利者的。

1949 年 1 月，傅作義率領被解放軍圍困在北平的數十萬國民黨軍隊接受解放軍的改編，他與中國共產黨的位置已經互換，這之後的 1949 年 2 月 26 日，傅作義對自己的部下講了這樣一番話：

---

37 潘紀文《跟上時代的步伐》，《傅作義將軍》，頁 63，中國文史出版社，1985 年。

> 抗戰勝利後，由於我個人政治上的無知，歸入反動陣營。在“戡亂”政策下，我領導你們走錯了路，迷失了歷史的方向，這是我的責任，我一個人的錯誤。……我認為人民以戰犯懲處我是應該的，我毫無怨尤。是由於毛主席的寬大政策，才得到了人民的寬恕。[38]

“人民”寬恕自己是由於毛主席的寬大政策，至少傅作義是這麼認識的。依據他自己感知“人民意志”的歷史經驗，此時的傅作義應該充分認識到“人民”與毛澤東的關係吧。

上世紀六十年代雷鋒被樹立為“為人民服務”的典型。所謂“雷鋒精神”，據 1994 年出版的《中華人民共和國大事典》總括，其核心內容為“把‘毫不利己專門利人’看作是自己最大的幸福”、“把有限的生命投入到無限的為人民服務之中去”、“活著就是為了讓別人的生活過得更美好”。

這裏值得注意的是利他主義的個人與人民的關係。

如果個人最大的幸福是“毫不利己專門利人”及“無限地為人民服務”，那麼“人民”中的被“利”的

38 李竭忠《略述傅作義將軍的為人》，《傅作義將軍》，頁 410。

“人”的最大的幸福又是什麼？如果“人民”與雷鋒同樣，其最大幸福都是“毫不利己專門利人”“無限的為人民服務”，那麼雷鋒為什麼自己獨享這種最大的幸福而不考慮讓“人民”也享受同樣的幸福呢？如果“人民”具有與雷鋒不同的幸福觀，則毛澤東號召“向雷鋒同志學習”的基礎以及雷鋒的典型意義就會變得十分艱難。在這兩種假設中，雷鋒都會成為“人民”的異類。將自我犧牲、適度的利他主義強調到“毫不利己專門利人”的極端程度，就會產生這種矛盾的狀態。

1958 年何其芳在一篇題為《我看到我們的文藝的水準的提高》的文章中這樣寫道：

> 個人的確不過是一根鵝毛，不過是一片樹片子罷了，整個革命事業，整個人民解放的事業卻太巨大了。我們的一切認識都應該以革命的利益、人民的利益為出發點。[39]

這是何其芳對吳強的小說《紅日》中的解放軍營長的一段話感到共鳴時發出的議論。這裏的“個人”不是專指說話者或議論者本人，也指向一切作為個人的他人，包括何其芳此文的所有讀者，每個讀者都可以感到何其芳說這話時的語重心長，明顯是要讀者也這樣看待

39 何其芳《我看到了我們的文藝的水準的提高》，《何其芳文集》第五卷，頁 370。

自己與人民的關係。如此則為“人民”服務者就不是其本人一個人，而是“人民”中的全部的個人了，這也意味著“人民”中的全部個人都成為“人民”的異己，都可被從“人民”中排除出去。至少在這個意義上，中國共產黨的“人民”概念是個人的反對概念，相對於“人民”，個人是鴻毛，是幾乎沒有任何價值的東西。[40]

在中國共產黨的所有文獻中，個人在面對人民、革命、黨、國家、民族這些概念的時候，比如在言說“當個人利益與人民的利益矛盾的時候”“個人利益與國家利益相比”之時，出場的都不是個人權利，而是個人利益的概念。“個人權利”“黨員的權利”也有使用，但都不是在人民、國家概念面前。

還存在一個疑問。如果“人民”能夠心安理得地享受他人的服務（或曰‘無限的服務’），那麼，為什麼作為“人民”一分子的個人不但不能心安理得地享受他人的服務，且還須像老黃牛一樣地一門心思地專為“人民”服務？這裏，除知識份子的自我犧牲倫理外，還有“反哺說”的觀點。

張申府在四十年代主張：“一個知識份子，假使真不受迷惑，真不忘本，真懂得孝道，對於人民，對於勞苦無知識（知識份子的知識）者，只有飲水思源，只有

40 這段文字參考了溝口雄三在《中國民權思想的特徵》中的觀點，溝口論文收臺灣中央研究院近代史研究所編《中國現代化論文集》，1991 年。

感恩圖報，只有反哺一道。”[41]

此“反哺說”除受到俄羅斯民粹派觀點的影響外，還與中國傳統的勞動觀念有關。在中國傳統觀念中，肉體勞動才是勞動，腦力勞動則不是勞動。這種“反哺說”加上階級觀點，又進一步發展到“贖罪說”，即因為大多數知識份子都是剝削階級出身，學習知識的經濟基礎都是剝削得來的，所以應該向勞動人民贖罪。第二章第三節所引王震教訓其妻子的話就體現了這種觀念。

中國共產黨的“人民”以敵人的存在為自己的對立面與存在的前提，如果敵人不存在了，“人民”也就失去其範疇了。

中國共產黨的“人民”概念的構成在不同的時期有不同的範疇。這在毛澤東的《正確處理人民內部矛盾》一文中有所論述，並且在中國共產黨的歷次政治運動中也常有展示。昨天還是“人民”的一分子今天就成為“人民”的敵人的事例非常之多，丁玲、蕭軍、艾青這些延安作家都沒能逃過這種命運。

1957 年“反右”運動時，丁玲在文學界的內鬥中失勢，被打成“右派”發配北大荒農場。北大荒十二年，秦城監獄五年，山西農村三年，二十年後丁玲才重新回到北京的文學界。回到文學界的丁玲被許多人一次又一次地問同一個問題，問這二十年的時間裏她是如何活過

---

41 張申甫《知識份子與新的文明》，載《中國建設》雜誌第 6 卷 5 期。

來的，丁玲也一次又一次地回答，回答的內容也大致相同，可以概括如下：

相信人民。相信黨。堅信自己依然是共產黨員。也有苦悶的時候，但與善良的勞動人民在一起的時候，一起勞動的時候，苦悶就消解了。

> 我決不相信，曾經做出過偉大業績的無數的黨員和人民大眾，會那樣盲目輕信，把一個戰友當作反黨分子。……我堅定地生活，承受苦難，做共產黨員應該做的事，以自己的言行繼續為人民的一生。[42]
>
> 我告訴她，五八年我被開除了黨籍，不是黨員了。但我自己還是按照共產黨員的標準要求自己。我努力讓自己照一個黨員的樣子去看問題，對待人、事，對待工作。[43]

丁玲說這些話的時候，言外是否有其他考慮和心情呢？是恐懼什麼，還是有其他原因，或者有某種程度的矯飾？但即便這些都存在，都說明上述話語中所表現的延安式的觀點和思維方式頑強地紮根于丁玲的心靈深處。

丁玲回到文學界之後，所寫文章多為過去生活之回憶及對黨的歌頌，很少寫對當時的新起作家的評論文

---

42 丁玲《到北大荒去》，《丁玲自傳》252 頁，江蘇文藝出版社，1996 年。
43 丁玲《於梨華》，《丁玲文集》第四卷，頁 460-461。

章。1980 年張賢亮發表短篇小說《靈與肉》，丁玲寫了評論文章，稱自己“愛讀”這篇小說，1982 年又為根據這篇小說改編的電影《牧馬人》寫了評論文章。這在丁玲的晚年是非常稀見的事。丁玲一定是被小說中的什麼吸引了她的注意力。《靈與肉》敍述一個“右派”在被發配的西北農村的苦難生活中生存並超越苦難的故事，小說的主人公發現了當地樸素的“人民形象”從而獲得了精神上的淨化。小說內容來源於作者自身的經歷，擁有相似經歷的丁玲讀到這篇小說時一定感到了很深的共鳴，所以很罕見地為一篇小說及改編電影寫了兩篇評論。

丁玲讚賞苦難中的主人公的堅毅與其對勞動人民的執信，丁玲在此將自己的經驗 — 其發配北大荒勞動時被勞動人民的社會主義建設的熱烈氣氛所感染並在與勞動人民的共同勞動中收穫了信心和愉快的心情 — 融入了評論張賢亮小說的文字。[44]

蕭軍自 1948 年的東北《文化報》事件中受到黨的批判後數十年一直受到抑壓，1979 年才出土文物般重新出現在文藝界。與丁玲黨和人民都相信不同，復出後的蕭軍只言及相信人民。蕭軍夫人王德芬著《蕭軍略歷年表》中收錄了蕭軍的兩篇演說稿，一篇是蕭軍在 1979 年全國文藝界代表大會上的發言，還有一篇是在 1984 年北京市文藝聯合會召開“蕭軍文學創作五十周年慶祝大會”上

44 丁玲《牧馬人》，《丁玲散文》下集，頁 223，中國廣播電視出版社，1997 年。

的發言。在這兩篇發言中，蕭軍反復說到人民和祖國，共產黨的名字一次也沒出現。[45]

蕭軍在文革被監禁期間寫給兒子的信中也曾說“我相信歷史，相信人民”，不說相信黨[46]。蕭軍把黨與“人民”分立開來，並僅視後者為歷史的公正與社會良心的載體與象徵。

1977 年，何其芳離開人世。

1986 年，丁玲去世。

1988 年，蕭軍亦赴冥界。

張賢亮在《靈與肉》之後，又創作了中篇小說《綠化樹》。《綠化樹》可稱《靈與肉》的續篇。《綠化樹》進一步強化了《靈與肉》中樸素的人民形象和主人公的精神超越，這種精神上的超越與中國共產黨的思想改造的若干要素十分接近，因此小說發表時受到“時代逆流”的批評。又過了十年，已經成為著名作家兼企業家的張賢亮寫了一本題為《小說中國》的雜文集，張賢亮在書中稱“精神貴族”這個詞支撐了他很多年，在那個艱苦的環境中，對於張賢亮來說自身唯一有價值的就是作為知識份子在精神上的超越性追求和優越感，從這點看，以前張賢亮小說中表現的精神上的追求超越雖然有某種程度的變形，但其真實基礎確實曾存在過。從這點

45 王德芬《蕭軍略歷年表》，載《蕭軍紀念集》，頁 826-828、844-845，春風文藝出版社，1990 年。

46 王德芬《蕭軍略歷年表》，載《蕭軍紀念集》，頁 806。

還可看到，何其芳等延安知識份子、作家在內裡支撐其自我思想改造的精神貴族式的追求的餘脈。張賢亮在上世紀九十年代稱：“‘精神貴族’是領導社會精神和思想的群體，是魯迅所說的‘民族的脊樑’，他們不屑於在政治地位上的晉升，不在乎人們對他們怎樣評論，他們鄙視名利場中的榮辱，著重在內心世界追求利國利民利人類的終極價值、終極目標，他們代表著一個民族一個國家在那個時代的文化精神最高水準。”[47]

張賢亮還提到，出身上海資本家家庭的他在 1980 年“平反”時從政府領到一張教員登記表，看到上面沒有“出身成分”一欄的瞬間，其“內心深處不由自主地就滋生出一股能成為‘優秀人物’的雄心”，“心中充沛的解放感突突四射”，“相信自己從此可以施展個人的才能，似乎是沒有我做不到的事情。由此及彼，推而廣之，這個變革會多麼強有力地激發起社會上每個人蘊藏的活力。更重要的是，很大一部分中國人多年來受著不公正的待遇及強暴的壓制在心中的積怨，也因這種人身的解放而得以消彌。‘人人拼自己的命，上帝管大家的命’，從而整個社會才能真正活躍起來。”[48]

像是歷史的錶針轉了八十年後，又回到了“五四”時期個人主義的原點，而且，這次知識份子是回歸懷抱著“發財”的欲望的大眾的世界。此時的個人主義與

47 張賢亮《小說中國》，頁 99，陝西旅遊出版社，1997 年。
48 張賢亮《小說中國》，頁 42，陝西旅遊出版社，1997 年。

“五四”時期的個人主義之間有很大的不同，或者說有本質的不同，但我們從何其芳、丁玲、張賢亮等知識份子數十年的生命軌跡中，可以讀到由若干種要素構成的中國近現代思想史的延延一脈。

第四節　自我犧牲與延安作家的個人進路

對於文藝的地位，劉白羽在 1943 年末曾做過如此反省：

> 從前在文藝圈子裏，大家死抱住“文藝”，其實愈抱愈死，但當我一想起到工農兵中去的時候，一種思想阻力就來反抗了。因為“搞文學”似乎已成為根深蒂固的惡癖，對於其他實際鬥爭卻並無這樣的興趣。實際上現實嚴格地考驗著我們——在火熱現在鬥爭中，你絕不會是“唯一”的“例外”的，在這考驗中，只有把為什麼人的問題弄清楚了，搞什麼樣工作或搞什麼樣文學才能弄清楚。當前問題，不是按照你自己的興趣選擇幹什麼，而是按照革命需要幹什麼。只有擺正確生活的位置，你才能做一個人民的

> 通訊員，老實說離開文藝不是什麼了不起的事，抱住“文藝”而離開人民大眾的革命鬥爭那才是了不起的事。[49]

在劉白羽的聲明裏，文學被視作可以為革命放棄的個人事業。延安作家應該放棄作家的身份，成為“人民的通訊員”，他們從事的工作不是“文學”，而是革命工作的一種。自我犧牲的倫理似乎已經擴展到取消作為社會分工之一的文學的地步，以顯示其徹底化的程度。

然而，這只是事實的一個方面。

中國共產黨開展文藝事業的目的，在教育人民打擊敵人與讓人民享有自己的文藝這兩條之外，文藝本身也是黨的事業、革命事業的一個組成部分。

毛澤東提倡工農兵文藝、人民文藝，不僅是讓其作為黨的政策、黨的意識形態的宣傳工具，同時也包括在党的領導下產生高水準的文藝作品。

延安文藝座談會後，毛澤東赴延安魯藝視察，對魯藝的領導周揚、何其芳等人講了以下的話：

> 中華民族是一個偉大的民族，應該為世界做出大的貢獻。[50]

---

49 《劉白羽文集》第九卷，頁 393。

50 何其芳《毛澤東之歌》，《何其芳文集》第三卷，頁 106。

建國後，毛澤東的這個談話才在報紙上發表。在這句話裏，毛澤東所希望的“中華民族”對“世界”的“大的貢獻”是包括文藝事業在內的，這種“大的貢獻”的“文藝”當然不是毛澤東剛剛在延安文藝座談會上大力提倡的“普及”水準的工農兵文藝，而是在這基礎之上經過“提高”的高水準的可與世界名著比肩的文藝作品。毛澤東所期待的這種“大的貢獻”的主要承擔者，當然是聽聞毛澤東此話的周揚、何其芳這樣的具有比較高的文學修養和才能的延安作家們。所以，何其芳聽到此話受到“很大的鼓舞”。[51]毛澤東的這番話的含義，應該是在會場外對會場內談話的一個補充。

另一方面，毛澤東有名的詞《沁園春・雪》所表現的自我抱負，“惜秦皇漢武，略輸文采，唐宗宋祖，稍遜風騷。”這裏所說的文采，也許並不單指文藝、文學，但一定包括了文學文藝。對於毛澤東來說，文藝事業是中共領導下的革命事業的一個組成部分，因此，文學工作者的作用並不僅僅是大眾動員，同時也被中國共產黨要求作為中國人民文藝事業的主要承擔者。這與作家們對作為個人事業的文學的熱望是相通的。丁玲創作《太陽照在桑乾河上》的動機，應該分佈在中國革命的文學事業與作為個人事業的文學兩個方面。後來獲得史達林文學獎金的這部作品，在前一個方面引起了毛澤東對丁

51 《何其芳文集》第三卷，106 頁。

玲的重視，在後一個方面帶給丁玲名譽地位及“一本書主義”。[52]這樣看來，以否定小資產階級知識份子思想的《文藝講話》，在工農兵文藝、人民文藝的名義下，給當時延安作家的個人事業的未來留下了一條光明的進路。

第五節　自我犧牲的徹底化與擴展

中國現代史上自我犧牲精神的產生與那個時代深刻的民族危機、社會危機有直接的關係，抗日戰爭爆發之後，自我犧牲精神達到了它的一個頂點，但在中共系抗日根據地以外的地方，自我犧牲的徹底化並未發生。因此，僅僅是深刻的民族危機和社會危機，尚不能導致自我犧牲的徹底化。欠缺某些條件的自我犧牲精神，幾乎不可能自行步入徹底化的道路。

中國共產黨內部的農民成分基本上未參加此時中共領導層與延安知識份子間的道德競走，有時，他們會被中共領導層喚來助力。在延安整風運動的高潮期，延安各部門相互間處於隔離狀態，延安知識份子的思想改造主要在以知識份子為主的各自所屬團體中展開。在這種封閉的環境中，延安知識份子、作家除了和上級部門有所聯繫外，與黨內的工農幹部、士兵幾乎不發生聯繫。

52 周良沛《丁玲傳》第五章參照。

換句話說，延安知識份子的思想改造是在不與工農發生實際接觸的狀態下完成的。可以認為，中共內部的工農成分處在自我犧牲徹底化的原動力之外。

自我犧牲的徹底化與中共內部的緊張狀態有更內在的聯繫。最先是延安知識份子、作家以自我犧牲的標準對延安的不良現象進行批評，接著，中共領導層以更徹底的自我犧牲標準批評延安知識份子、作家，於是，在中共領導層的壓力下，延安知識份子、作家群體內部群起展開以自我犧牲為標準的批評與自我批評。包括延安知識份子、作家在內的中共集團是當時的中國社會中以自我犧牲精神自任的最激進的集團，自我犧牲的標準成為中共內部鬥爭雙方的必備武器。對鬥爭的主動的優勢的一方即擁有權威的一方來說，自我犧牲的標準是必須佔領的道德高地，由此引發的自我犧牲精神的爭奪戰導致了自我犧牲走向徹底化。對於鬥爭中比較被動的一方，即大多數普通黨員、知識份子來說，只能置身於擴大到中共基層組織的內部整風的風潮中，參加自我犧牲徹底化的競走運動，表現出嚴格按照自我犧牲標準要求自己的決心和姿態，只有這樣，才能在整風運動中獲得一個比較安全的位置。

自我犧牲徹底化的同時，自我犧牲的對象被規定為工農大眾，在此，戰爭動員需要的大眾化與自我犧牲交匯到同一條河流。依據抗戰初期戰爭動員文學對於戰爭動員的實際效果，延安作家曾一度從抗戰初期的戰爭動員文學熱潮中冷靜下來，並開始反思知識份子在戰爭中在大眾動員中的應有的位置。但在延安整風的內部緊張狀態下，大眾化的意義再一次被絕對化了，由此助長了延安知識份子、作家在大眾化方面的道德壓力。而此時的大眾化已進化到工農兵化，在內容上與自我犧牲有相當的重疊，也成為延安整風中道德競走運動的項目之一。

張正隆在《雪白血紅》裏記載了一個老八路軍士兵譚順田的一段回憶：

> 在山東擴軍容易。行軍到了哪個村子，找幾個能說會道，長得又文靜一點的，上衣口袋插支鋼筆，沒筆桿光有筆帽也行，讓老百姓瞅著像個洋學生就行，站到人多的地方就宣傳。他 17 歲時就擴過軍，人多不大敢講話，就站那兒唱、唱《當兵歌》：
>
> 叫老鄉你快去把兵當，
> 別叫日本鬼子來到咱家鄉，
> 老婆孩子遭了殃你才把兵當。
> 你別說日本來了難找我，
> 你東藏西躲不當兵，
> 咱們亡了國看你還往哪裡躲。[53]

53 張正隆《雪白血紅》第五部第 15 章，解放軍文藝出版社，1989 年。

在農民眼裏看來，知識份子、學生是比同為農民出身的士兵更可信賴的宣傳者。這是農民出身的士兵的回憶，未經過中共意識形態和知識份子的修飾，在過去的幾十年裡幾乎從未歷史敘述的表層。這個實例引發另一種可能，即大眾化的原動力，可能更多地產生於知識份子的理論設想，而與戰爭動員的真實需要有相當的距離。延安知識份子無論怎樣盡一切努力接近工農大眾，在盡了諸般努力自以為接近了工農大眾之後，真實的工農依然可望不可及。

在這裏呈露出知識份子的戰爭動員、大眾化認識的一個盲點。被絕對化的大眾化的原動力可能並不產生於戰爭動員的現實之中。

為了以徹底的自我犧牲的方式達成集團的目標，中國共產黨要求自己的黨員交出他們大部分個人權利。這種自我犧牲倫理得以成立的前提是集團目標被普遍認為遠較個人目標重要，這一前提無疑存在於當時的中國社會。

然而，這種徹底自我犧牲的要求能夠多大程度上在現實的人性中實現，能否在現實中達到王實味和中共組織所要求的水準？這對王實味本人來說也是有疑問的。王實味曾為爭取自己特別研究員的待遇與人爭執，與同事同桌吃飯時，王實味不顧及自己有病可能傳染他人，用自己的筷子連續從公用盤子裏夾肉吃。[54]在延安搶救

54 戴晴《現代中國知識份子群 — 梁漱溟、王實味、儲安平》，頁89，江蘇文藝出版社，1989。

運動及之後的多次政治運動中，許多黨員連向黨說真話都做不到，在黨允許的範圍內獻身革命，在黨不允許的方向上明哲保身，從而呈現出自我犧牲的界限。

在延安整風中建構完成的通行於中共黨員及中共陣營內知識份子的自我犧牲的倫理，在建國數年後，被作為一種建國精神向大眾層面普及。其標誌即是雷鋒精神。

雷鋒出生於湖南省一個貧苦農民家庭，他全部的家人都在舊中國的苦難中死去，雷鋒七歲就成為了孤兒。1949 年雷鋒的家鄉獲得解放，在中共政府的照顧下，雷鋒上了學，並在小學畢業後先後成為政府公務員、工廠工人，1960 年 1 月雷鋒參加中國人民解放軍，同年 11 月加入中國共產黨。雷鋒在所有的工作崗位都表現優秀，在工作之外，雷鋒利用餘暇做各種好事，為社會及他人服務且不留名，直到 1962 年雷鋒死於一場交通事故。雷鋒死後，國家規模的學習雷鋒運動持續了近二十年。[55]

從雷鋒的簡歷可知，雷鋒的幼年生活是極為悲慘的，所以雷鋒一直認為是共產黨把他從地獄般的舊社會解救出來，雷鋒終其一生，都對共產黨感恩。

這裏摘引兩段雷鋒日記。

1960 年 11 月 8 日："偉大的黨啊！英明的毛主席！有了您，才有了我的新生命。我在九死一生的火坑中掙

55 《中華人民共和國大典》，頁 781，中國經濟出版社，1996 年。

扎和盼望光明的時刻，您把我拯救出來，給我吃的，穿的，還送我上學念書。我念完了高小，帶上了紅領巾，加入了光榮的共青團，參加了祖國的工業建設，又走上了保衛祖國的戰鬥崗位。在您的不斷培養和教育下，我從一個窮孩子，成為一個有一定知識和覺悟的共產黨員。”[56]

1962 年 5 月 4 日：“偉大的黨啊……我所有的一切都是屬於您的，我要永遠聽您的話，在您的身下盡忠效力，永做您踏實的兒子。……党和毛主席救了我的命，是我慈祥母親。我為黨做了些什麼？當我想起黨的恩情，恨不得立刻掏出自己的心；當我想起我所經歷的一切太平凡的時候，我就時刻準備著：當黨和人民需要我的時候，我願意獻出自己的一切。”[57]

雷鋒的日記中充滿了這種感恩報恩的文字。

雷鋒先是承受了共產黨的恩情，有了報恩的思想，再通過黨的要為人民服務獻身的號召，雷鋒有了向人民奉獻自己的想法和行動。

中華人民共和國建國前，中國共產黨並未向普通的工農兵做自我犧牲的要求，因為中國共產黨清楚地知道如果這樣要求工農，工農不會遵從，所以中國共產黨從來都是通過“給農民看得見的利益”來交換農民對中共革命事業的支持。而向革命的知識份子要求自我犧牲則

56 《雷鋒日記選》，頁 14，人民出版社，1973 年。
57 《雷鋒日記選》，頁 40。

可能成功，因為革命的知識份子本來基於自身的思想認識就有自我犧牲的願望。雷鋒是建國後出現的一個新的現象，雷鋒出身農民，本來不會通過自己的思想認識自行具有自我犧牲精神，但報恩觀念在民間社會是通行的，黨通過給予出身農民的雷鋒以恩情，獲得了雷鋒向党報恩的意願，雷鋒因此願意遵行黨的號召，為人民為黨為革命奉獻自己，於是出身農民的雷鋒沿著民間的報恩倫理到達了自我犧牲的精神彼岸。中國共產黨也通過提倡雷鋒精神將原本局限于黨內精英層的自我犧牲倫理普及到大眾層。

雷鋒精神被標榜為共產主義道德，實際上成為新中國的國民性改造的基準。由此回望中國近現代史，從“五四”思想啟蒙時代的國民性改造，到延安知識份子思想改造運動，再到建國後的雷鋒精神的推廣，可視作現代民族國家在國民倫理層面的建設的過程。

第六節　啓蒙、民主、思想改造與中共革命

近現代中國的現代化運動是以獲得西方先進思想的知識份子為主體的少數人改造落後的大多數民眾，將少數人的理想向大多數人推行的運動。這種“先進”少數對“落後”大多數的社會結構是“五四”啟蒙與中共無

產階級先鋒隊理論的現實基礎。鄉村建設運動的提倡者梁漱溟曾說，“在中國擁有這樣無比的多數人口，而又民智未開，其改造事業，尤不能不以少數人任其功，”[58]現在的研究者則將這種社會結構概括為“少數先覺者對庸眾”。

因為改革者所面對的反對力量極為龐大，改革者們很容易形成堅持己見、奮力排除一切不同意見的鬥爭姿態。真理被絕對化之後即具有了排他性傾向，這種排他性傾向是近代中國的社會構圖所決定的，並為社會改造運動的激進集團所秉持。在這種社會構圖中，真正意義上的自由，特別是在社會改造方面主張異見的自由不可能存在，借用梁漱溟的話說，就是“你對,就許你自由,否則不能自由”。[59]如果給予大多數人自由，則社會之改造即不可能推進。新文化運動的提倡者們那般激進地批判傳統文化的理由或許在此吧。

這種少數改革者對大多數保守勢力的社會構圖還另外賦予中國的現代化運動一種特性，即民主絕不會為中國社會帶來改革，即便出現過些許民主成分，它也必然在少數改革者主導的社會改造運動中弱化。在這個意義上，啟蒙和民主是處在彼此矛盾的關係中。民主的施行只限於少數政治、知識精英層的範圍，非如此不能維持社會改造運動的堅定方向。實際上，近現代中國的民主，

58 《梁漱溟全集》第五卷，頁 262，山東人民出版社，1991 年。
59 《梁漱溟全集》第二卷，頁 298。

主要以知識份子對政治領導集團的輿論制約的形式存在，一般而言，同一社會改造集團的內部或幾個社會改造集團之間力量處於平衡的時期，某種程度的民主是可能的，而力量平衡一旦失去，民主的空間也就消散了。

近現代中國的民主危機、社會危機僅憑政治、知識精英層是無法解決的，必須啟動民眾參與。啟動民眾的方式有二，一曰啟蒙，另一個就是大眾動員。前者啟蒙主義者們曾經努力過，最終都沒有成功。

“五四”一代的知識份子高唱的啟蒙在民眾的壁壘面前碰了個頭破血流，只在知識份子的範圍內獲得了一定的效果。平民教育演說團 1920 年 4 月 13 日的報告這樣記錄：

> 今日是星期，長辛店方面，工廠的工人休息，都往北京遊逛去了；市面上的善男信女又都到福音堂做禮拜去了，剩下可以聽講的就可想而知。
>
> 有上邊的兩個原因，所以在長辛店雖然扯著旗幟，開著留聲機，加勁的講演起來，也不過招到幾個小孩和幾個婦人罷了。講不到兩個人，他們覺沒有趣味，也就漸漸引去。這樣一來，我們就不能不“偃旗息鼓”，“宣告閉幕”啦。
>
> 及到趙辛店，又使我們大大的失望。既

> 到了這個地方，也不得不實施我們的職務。於是仍把旗幟扯起來，留聲機開起來。然而一點多鐘，到不了五六人，還是小孩。那麼多，自然又要“免開尊口”了，土牆的底邊，露出幾個半身婦人，臉上堆著雪白的粉，兩腮和嘴唇卻涂著鮮紅的胭脂，穿上紅綠的古式衣服（但不敢擬定是那個朝代的），把鮮紅的嘴張開著，仿佛很驚訝似的，都總不敢進前來。但是我們也不好理他。好！入京的火車快到了，回去罷，莫要盡在這裏作“時間消費者”啦。[60]

三十年代初的魯迅曾感歎說，啟蒙對民眾沒辦法，現在只有先啟蒙知識人，說明當時啟蒙的範圍與局限已經被意識到。

之後的民族危機日益加深，為了應對民族危機，中國社會需要高效的戰爭動員機制。在國內的軍事集團間的競爭中，哪個軍事集團能夠比較高效地動員、組織民眾投入與其他軍事集團的戰爭，就能夠贏得競爭的勝利。國民黨能夠統一大半個中國的原因就在於它比它所戰勝的軍閥具有更高效的戰爭動員機制，中國共產黨具有比國民黨更優秀的戰爭動員機制，這也成為中國共產

---

60 《“五四”時期的社團》，頁 167-168，三聯出版社，1979 年。

黨能夠最終戰勝國民黨的一個原因。國民黨只能算是一位威權主義的政黨，而中國共產黨則是凝聚力遠為強大的全能主義政黨，所以中國共產黨能夠以高效的大眾動員獲得戰爭的勝利並推進其社會改造運動。這也加強了近代中國走向全能主義的趨勢。

現代戰爭動員體制的建立，是上個世紀三四十年代中國現代民族國家建設的中心內容，因為工業化需要條件和時間，而在現有的人力物力基礎上建立一個高效的戰爭動員體制，不論是抵抗外侮，還是與國內其他軍事集團爭雄，都可以有立竿見影的效果。在這點上，國民黨比北洋軍閥強，共產黨比國民黨強，而日本更是天生的戰爭動員機器，它的社會結構，它的武士傳統，都非常有利於向軍國主義轉型，按照日本自己的說法則是“舉國體制”，這個詞非常生動地表現了戰爭動員的規模和深度。1949 年以後，雖然中國國家工業化提上了日程，但戰爭動員體制的建設仍佔據了國家建設的中心位置，甚至可以說當時的領導層是沿用戰爭動員的方式進行國家建設的。戰爭動員體制最初從戰爭獲得其合法性，但這並不是其得以產生發展的全部動力，至少部分動力應來自掌控內部的需要，儘管這種需要可能被冠以戰爭需要的名義。

與其講戰爭對於中國四十至七十年代文學的影響，不如說該時期的文學在很大程度上是戰爭動員體制的一個組成部分。這並非單指象《放下你的鞭子》、《白毛女》那樣的直接煽動型作品，而是說體制內的文學有助於將現有的人力物力納入一個具有統一意志的組織之內，並使這些人力較前更能為國家奉獻其主動性及犧牲精神。儘管在四十年代文學曾顯示出多種可能性以及多樣性的活力，但最終規定了文學發展軌跡的仍是國家塑造自身的力量。從左翼文學，延安文學，到十七年文學，再到文革文學，我們看到文學一步步走向原教旨：個人的一切有礙於將自己奉獻於國家的欲望、需求被壓到最低，文學作品的主人公最終成了無私也無性的自我犧牲精神的化身。

置身於威權主義與全能主義體制之外的當時中國的自由知識份子，在大眾動員、組織的方面根本不能成為國民黨、共產黨的平等的對手。他們只能生存在兩種主義的間隙，在國民黨與共產黨對峙的均勢時期，他們還能以兩黨間的中間地帶為活動舞臺，發揮些許的政治監督及制約作用，隨著中國共產黨的勝利，他們的生存空間也就失去了。

那麼，在全能主義體制內部能否有對權力的制約和監督呢？

中國共產黨成立之初，中共集團內部的工農階層曾經對於以知識份子為主的領導層發生過較強的制約力，但那只是中共領導層的權威尚未完全確立的時期。這種黨內的工農階層對中共領導層的制約，既具有民主的成分也具有對革命的破壞力，所以很快被中共領導層克服了。

中共工農紅軍建立的初期，建立過士兵委員會和士兵代表制度。以井岡山時期工農紅軍第四軍為例說明之。紅四軍下轄兩個師六個團，軍長朱德，政治委員毛澤東，團下轄營，營下轄連，從連到軍建有各級士兵委員會及士兵代表會議，士兵委員會與士兵代表由選舉產生。士兵委員會和士兵代表對軍官具有監督、制裁的權力。[61]紅四軍的軍事行動，需要通過士兵代表會議的同意。各團的士兵代表意見不統一的時候，各團甚至有自主行動的可能。1928 年 7 月，對於紅四軍未來的進軍方向，出現了不同意見，紅四軍的主力團 29 團的士兵幾乎都出身湘南，希望回到家鄉，堅持要進軍湘南。朱德無法說服士兵代表，只好帶上 29 團及另一個團向湘南進軍。進軍的結果，是 29 團全軍覆沒。1929 年 12 月，紅四軍召開古田會議，通過了毛澤東起草的《古田會議決議》。古田會議強調“民主集中制”中的“集中”，將所有的權力集中於紅四軍前敵委員會，樹立了前敵委員會書記毛澤東的權威。[62]士兵代表會議是蘇聯傳來的制度，與中國民眾的風土並不十分相合。紅軍成立以前，在一些軍閥部隊就存在士兵委員會和士兵代表會議，但

61 陳毅《關於朱毛（紅四軍）的歷史及其狀況的報告》，中國人民革命軍事博物館編《陳毅元帥豐碑永存》，頁 74-75，上海人民出版社，1986 年。《中國人民解放軍的民主制度》，頁 9-11，《中國人民解放軍軍史》第二卷，頁 10-11，軍事科學出版社，1995 年。

62 余伯流、陳鋼《井岡山革命根據地全史》271-286 頁，江西人民出版社，1998 年。

軍閥部隊的士兵委員會和士兵代表會議的權力主要集中在士兵生活方面，並無決定部隊軍事行動的權力。比如軍閥連續數月欠餉，就可能引發士兵的“鬧餉”活動，這個時候，士兵們就會在基層連隊成立“鬧餉委員會”，派遣代表與軍隊的最高指揮官談判交涉，談判有結果之前，軍隊既存的指揮系統全部停止運轉。[63]士兵委員會是基於蘇聯經驗的產物，鬧餉委員會則具有草根民主的成分。此種草根民主以個人利益為基點，與延安知識份子以民族利益人民利益為訴求以個人的自我犧牲為出發點的民主有很大的不同。在此種情勢下，由西方引進的民主概念在實際使用中脫離了其原有的含義，其主要意義變為政治·知識精英層內部對政治權力的制約。民主的目的主要並不是維護個人的權利，而是要維護超越個人權利觀念的國家、全體之利益。

由於少數改革者面臨巨大的反對力量，其所信奉的改革理念呈現出一種絕對真理傾向，激烈地排斥其他政治異見。這種傾向不僅在不同政治集團之間發揮作用，同時也削弱了同一政治集團內部的民主成分。

中國近現代史上的反專制的潮流是清末形成的反專制的思想傳統與清末從西方傳來的近代民族國家的民主思想的合流，並且在理論上在社會輿論上顯得強而有力，但在先進少數對多數庸眾的社會構圖中，在建立現

63 李聚奎《李聚奎回憶錄》第一章參照，解放軍文藝出版社，1986年。

代民族國家的強力強力訴求下，民主實現的可能性從一開始就幾乎沒有。

在中共集團內部，對於權力的“合乎理性”（與現代化的方向一致）的制約只能來自體制內的知識份子。中共集團內部的中下層知識份子 ── 例如延安知識份子 ── 對於高層權力的制約活動是本書考察的一個重點。延安知識份子在一定的時期擁有這種制約的願望，並訴諸於行動。

延安知識份子不掌握中共的組織系統，自己反而處在中共領導層掌握的組織系統之中。在意識形態層面，他們也屬弱勢。他們對中共領導層的監督與制約也基本是在中共領導層的掌握下進行的。1942 年延安知識份子對延安不良現象的批評也是毛澤東“放”的結果。毛澤東在領導群眾運動(黨內或黨外)的時候，總是採取“一放一收”的方法，先是選取群眾對某個事情的熱情或不滿，讓群眾將這種熱情或不滿發放出來，成為推動事情發展的動力，當群眾的熱情或不滿發放過頭，毛澤東再採取“收”的方法，限制群眾過頭的行為。[64]

在組織系統、意識形態以及對群眾運動的掌控方面，延安知識份子都處於絕對的劣勢，其對中共領導層的制約自然也就無疾而終了。

毛澤東使用這種“收放”的方法將黨內知識份子的

64 宋金壽《延安整風前後的〈輕騎隊〉壁報》，《新文學史料》2000 年 3 月。

民主要求和工農兵的草根民主轉化為中共領導層能夠掌握的政治運動，造成支持中共革命的巨大能量，對於中共集團的自我淨化、集團的目標達成、領導層權威的強化都起到積極的作用。

延安知識份子在民眾面前因為自己相對優越的物質生活時而抱有罪惡感，何其芳是其典型。知識份子因持有與民眾不同的個人的趣味與個人的情感方式很容易落入道德上的不利位置。一些延安作家在抗戰的頭三四年堅持主張思想自由、創作自由，其理由是這些自由對於抗戰動員是有利的，但自由創作出來的作品並未高度符合戰爭動員的要求，導致來自黨組織的批評。延安知識份子沒有與中共意識形態進行對抗的能力，他們除了中共的意識形態之外，也沒有自己的意識形態，隨後他們只能走上自我批判的道路。另外，延安作家一邊聲稱自己的文學創作有利於抗戰，實際上作為人的利己之心與作為作家的文學上的企圖心都匯入文學活動的動機，這些也都構成了他們進行自我批判的現實土壤。時代所要求的“合理”的自我批評與強壓力下主體性的喪失之間僅有一步之差，但現實是多數延安知識份子都邁出了這一步。

以後的數十年間，中國大地上多次進行過對知識份子弱點的反省和批判。小資產階級的纖弱情感、不習慣工農兵的粗放健康的情感方式，缺乏行動力，等等，這些弱點在普通的時代環境中，比如在現在的中國或是在五十年代的英國、美國，都不成為問題。但在當時的中國，對於背負時代重任的知識份子來說，就會成為他們必須克服的缺陷。

結　論

延安整風之前的幾年裏，延安作家在文學領域依稀尚存的主體性，可以說是沿海近代都市的知識份子的生存方式向中共體制內過渡的一個時期，或者說是“五四”新文化運動向中華人民共和國過渡的一種中間樣態。這是中國共產黨作為列寧主義政黨的本質受到其現實力量與外部條件的制約的結果。隨著條件的變化，這種過渡期必然會完結。但最終會以怎樣的方式完結，則與時代給延安知識份子、延安作家以及中共領導層提供的自我犧牲、大眾化、人民崇拜等若干種思想資源直接相關。從 1942 年到 1944 年延安內部的緊張狀態中，內部鬥爭的雙方之間掀起的道德競走運動，在上述幾種思想觀念的延長線上走向徹底極端化。在這個過程中，延安知識份子、作家在進行道德上的自我實現的努力的同時，對自身的主體性做了否定。

“五四”新文化運動發生已近百年，一代又一代的青年學生為繼承“五四”新文化運動的傳統在呼籲，在努力完成“五四”新文化運動的未竟之功，為什麼其功總是未竟，這是一個值得深入思考的問題。

對這個問題的一個回答是李澤厚的救亡壓倒啟蒙論。根據李澤厚的說法，啟蒙與救亡是“五四”運動的兩大主題，起初這兩個主題是同步發展、相得益彰的，但一段時間後，民族危亡局勢和越來越激烈的現實鬥爭，改變了啟蒙與救亡的平行局面，最終“啟蒙的主題，科學民主的主題”，被救亡的“頭號主旋律”所淹沒、中斷、壓倒。“啟蒙與救亡（革命）”的雙重主題的關係在“五四”以後並沒有得到合理的解決，甚至在理論上也沒有予以真正的探討和足夠的重視，終於帶來了巨大的苦果，導致了封建因素的復活。知識份子從追求真理的個人主義走向浴血奮戰的工農集體，長期置身于農民出身占多數的軍人與農民大眾之中，為其所淹沒，中共革命實質上是一場農民革命、農民戰爭。這場戰爭雖然最終取得了勝利，但作為這場戰爭的參加者、領導者的知識份子們也被這場戰爭的“全體”性與農民性所征服，具有古老傳統的中國農民意識與心理的構造不僅排擠掉了知識份子不多的民主啟蒙的觀念，而且無意識地浸透了知識份子剛剛學來的馬克思主義觀念。從五十年代末至七十年代的二十年間，封建的思想觀念在社會主義的名義下，高舉虛偽的道德旗幟，高唱犧牲精神，將個人主義定位為“萬惡之源”，要求所有人“鬥私批修”，終於在觀念上把中國推向封建主義傳統全面復活的境地。

李澤厚的救亡壓倒啟蒙論在十年以上的時間裏為中國近現代思想史研究以及中國現代化研究設定了概念的框架。眾多的研究者雖然不同意李澤厚的觀點，但大致都是在李澤厚的概念框架中對李澤厚的具體觀點予以修正。汪暉就是其代表性的一人。汪暉的主要觀點是，現代中國的啟蒙思想不過是中國民族主義主旋律的一個“副主題”，而不是中國現代思想史的“主題”，啟蒙和救亡在“二重變奏”並不是對等的關係，啟蒙並無與救亡對抗的力量。

汪暉意圖指出“五四”時期啟蒙思想的內在矛盾：“五四”時期的知識份子在主張個體獨立性的同時，將其個體獨立意識建築在否定個體意識和獨立意識的民族主義的前提之上。“五四”時期的啟蒙思想有許多不同的“主義”組成，這些“主義”在基本的前提和精神的層面上都蘊含著對于啟蒙原則的否定和衝突的可能性。這是“五四”時期啟蒙思想的內在危機，並非外部的歷史事變所能改變。深刻的民族危機與國內的社會矛盾只不過誘發了啟蒙思想的內在危機。

李澤厚認為“五四”時期的啟蒙與救亡並不是相互衝突，而是相互促進，但這意味著什麼，李澤厚並未深究。這一時期的近代民族國家的集權制度或民主制度尚未確立，這之後建立的近代的集權制與過去封建專制相比是完全不同的新的物種，是近代民族國家的產物。中國共產黨的集體主義以國家、民族這種全體概念統括個體，達到了中國歷史上空前的發達程度。儒家以“存天理滅人欲”達成對個人欲求的抑壓，但這是以修身的“內聖”為目的，是自身發出原動力的精神上的自我實現，這裏面不存在全體性的公的概念。中國農民的傳統中有所謂“平均思想”在某種程度可以造成對個體之“私”的抑壓，但它不是對“私”和私有權的否定，實際上它只是將“私”抑壓到“平均”的程度，換個角度說，它也保護“私”達到“平均”的程度。被稱為中國古代“平均思想”集大成者的太平天國對於個體之“私”有相當的抑制，但它的這種抑制反而是以對個體的利益與幸福為誘導的。

中國共產黨的“大公無私”的原點是自我犧牲，它發生自具有近代民族國家觀念的對自己所屬民族充滿危機感的激進的知識份子，在深刻的民族危機與社會危機中走向極端化。而中共制定政策時並不以意識形態觀點對待農民，而是用極為現實的眼光看農民，認為農民是根深蒂固的私有觀念的持有者，不用自我犧牲的標準去要求農民。

中國共產黨的集體主義、自我犧牲、大公無私之類倫理的建立並不是封建主義的復活，也不是在農民占多數優勢的環境中被農民意識浸透的結果。中共的集體主義中並非沒有封建主義、農民意識的混雜，但在本質上說它仍是與封建主義、農民意識完全不同的新的事物，是近代民族國家的產物。建國後中國共產黨把自我犧牲精神向民眾層普及，實際是以自我犧牲精神作為中華人民共和國的國民倫理來建構近代民族國家的精神層面。從某種意義說，這是“五四”時期盛行的國民性改造的延伸，只是內容與形式比“五四”時期已大不相同。

審視中國近現代的歷史脈絡，將中共革命及其建國後的數十年歷史都限定在救亡的範疇並不適當，會產生許多不易解答的問題。中國從傳統社會和傳統的國家形態走向建立近代民族國家這一事物本身，應該是不同於救亡並且比救亡更宏大的具有獨立意義的主題。

中國共產黨的自我犧牲當然是從救亡的主題中生髮出來的，但自我犧牲倫理轉作近代民族國家的國民倫理的時候，它已超出了救亡的歷史範疇，是在一個全新的背景全新的範圍建立的新的事物，只不過這新的事物帶有過去歷史的痕跡，因為它畢竟產生於歷史。

本書並沒有觸及近代中國啟蒙的複雜性，例如就民主來說，與當時的知識份子的文章中討論的歐美直輸入的民主概念不同，在現實中存在以知識份子精英層對集權的制約為內容的民主，還存在以實現民眾層的個體私利為內容的與國家現代化方向有所衝突的民主。在少數知識份子改革者對大多數“庸眾”的社會構圖中，少數知識份子改革者為將自己改造社會的理念貫徹到民眾層去必須無視民主的原則，也就是說，為實現啟蒙的理念，不得不破壞啟蒙思想中的民主原則。正是在這種充滿內在矛盾的啟蒙的基礎上，中國共產黨的自我犧牲得以充當建國倫理的主要內容。

本書完成之際，亦留下諸多遺憾。筆者論述的個人權利、知識份子的主體性、公的概念主要是西方概念的衍生物，與中國近現代史土壤中的實際存在其實是有相當割離的，例如，中國古代的“逍遙”概念與西方的自由概念，“道統”概念中的知識份子的主體性，中共全體的“公”與中國古代的“公”的關聯與區別，還有，究竟應該以怎樣的基準審視這些概念以及這些概念所包含的歷史，等等，這些遺憾只能留待今後彌補了。

參考文獻

《周揚文集》，人民文學出版社，1984
《何其芳文集》，人民文學出版社，1983
《蕭乾散文》，中國廣播電視出版社，1997
《艾青全集》，花山文藝出版社，1991
《蕭軍全集》，華夏出版社，2008
《丁玲文集》，湖南人民出版社，1983
《何其芳研究專集》，四川省文藝出版社，1984
《朱自清散文全集》，江蘇教育出版社，1996
《劉白羽文集》，華藝出版社，1995
《梁漱溟全集》，山東人民出版社，1991
《陳學昭文集》，浙江文藝出版社，1998
《周立波文集》，上海文藝出版社，1981
《周立波選集》，湖南人民出版社，1983
《周立波魯藝講稿》，上海文藝出版社，1984
《張申府文集》，河北人民出版社，2005
《陳望道文集》，上海人民出版社，1980
《陳望道語文論集》，上海教育出版社，1980
《曹靖華譯著文集》，北京大學出版社，1993

張賢亮《小說中國》，陝西旅遊出版社，1997
《胡風全集》，湖北人民出版社，1999
《崔璿文集》，長征出版社，2003
《毛澤東選集》，人民出版社，1972
《毛澤東文集》，人民出版社，1993
毛澤東文獻資料研究會編《毛澤東集》，日本蒼蒼社，1983
毛澤東文獻資料研究會編《毛澤東集補卷》，蒼蒼社，1984
《毛澤東新聞工作文選》，北京新華出版社，1983
《毛澤東在七大的報告和講話集》，中央文獻出版社，1995
《毛澤東農村調查文集》，人民出版社，1982
中華人民共和國外交部中共中央文獻研究室編《毛澤東外交文選》，中央文獻出版社，1994
石仲泉編《〈毛澤東哲學批註集〉導論》，人民出版社，1988
陳建中　金邦秋著《智慧的曙光　毛澤東早期、建黨和大革命時期著作研究》，陝西人民出版社，1990
金沖及主編《毛澤東傳 1893-1949》，北京中央文獻出版社，1996
陳晉著《文人毛澤東》，上海人民出版社，1997
李銳著《毛澤東的早期革命活動》，湖南人民出版社，1980

中共中央文獻研究室編《毛澤東年譜》，中央文獻出版社，2005
胡喬木著《胡喬木回憶毛澤東》，人民出版社，1994
斯圖爾特·施拉姆《毛澤東》，紅旗出版社，1987
《史達林文集》，人民出版社，1985
《李大釗選集》，人民出版社，1959
《張聞天文集》，中共黨史出版社，1994
《張聞天選集》，人民出版社，1985
《張聞天早期文集》，中共黨史出版社，1999
《薄一波文選》，人民出版社，1992
《惲代英文集》，人民出版社，1984
《瞿秋白文集》，人民出版社，1987
《方志敏文集》，人民出版社，2011
《鄧恩銘文集》，人民出版社，2011
《王盡美文集》，人民出版社，2011
《趙世炎文集》，人民出版社，2011
《蘇兆徵文集》，人民出版社，2011
《高君宇文集》，人民出版社，2011
《何孟雄文集》，人民出版社，1986
《惲代英文集》，人民出版社，1984
《謝覺哉日記》，人民出版社，1984
《張太雷文集》，人民出版社，1981
中共中央文獻研究室二部編《劉少奇自述》，解放軍文藝出版社，2003

李維漢著《學習毛主席著作,逐步改造世界觀 》，人民出版社，1960
《李維漢選集》，人民出版社，1987
《李維漢選集》，人民出版社，1987
《譚平山文集》，人民出版社，1986
《趙世炎選集》，四川人民出版社，1984
《蔡和森文集》，人民出版社，1980
《成仿吾文集》，山東大學出版社，1985
《彭湃文集》，人民出版社，1981
蔡和森著《蔡和森的十二篇文章 》，人民出版社，1980
成仿吾著《成仿吾教育文選》，教育科學出版社，1984
馮玉祥著《馮玉祥選集》，人民出版社，1998
馮玉祥著《馮玉祥詩歌選》，黑龍江人民出版社，1982
彭湃著《海豐農民運動》，作家出版社，1960
陳獨秀著《獨秀文存》，遠東圖書公司，1965
《陳獨秀著作選》，上海人民出版社，1993
羅章龍編著《京漢鐵路工人流血記》，河南人民出版社，1981
羅章龍著《椿園載記》，三聯書店，1984
賀龍著《中國人民解放軍的民主傳統》，人民出版社，1965
《雷鋒日記選》，人民出版社，1973
華中師範學院中文系編《中國當代文學研究資料 — 周立波專集》

李華盛著《周立波研究資料》，湖南人民出版社，1983
山東師範學院中文系編輯《周立波研究資料彙編》，山東師範學院中文系，1960
王敬主編《延安〈解放日報〉史》，新華出版社，1998
江風著《文藝大眾化論集》，膠東新華書店，民國 35 年
宣浩平編《大眾語文論戰》，上海書店，1987
宣浩平編《大眾語文論戰 續編 2》，啟智書局，1935
周良沛著《丁玲傳》，北京十月出版社，1993
《蕭軍紀念集》，春風文藝出版社，1990
周紅興著《艾青研究與訪問記》，文化藝術出版社，1991
蕭耘，建中著《蕭軍 — 自許多情歌慷慨》，大象出版社，2004
溫濟澤等著《王實味冤案平反紀實》，群眾出版社，1993
楊桂欣著《丁玲與周揚的恩怨》，湖北人民出版社，2006
程中原著《張聞天傳》，當代中國出版社，1993
王慶華著《高君宇傳》，山西人民出版社，1996
牛崇輝，王家進著《高君宇傳》，中共黨史出版社，1999
穆生高主編《賀昌年譜》，中共黨史出版社，2006
金沖及主編《周恩來傳 1898-1949》，北京人民出版社，1989
仲侃《康生評傳》，北京紅旗出版社，1982
唐純良著《李立三傳》，黑龍江人民出版社，1989
華南農學院馬列主義教研室《彭湃傳》編寫組，廣東海豐縣紅宮紀念館《彭湃傳》編寫組編《彭湃傳》，

北京出版社，1984
李思慎，劉之昆著《李立三之謎 — 一個忠誠革命者的曲折人生》，人民出版社，2005
《抗日戰爭時期延安及各抗日民主根據地文藝運動資料（上、下）》，山西人民出版社，1983
林默涵主編《中國解放區文學書系》，重慶出版社，1992
延安文藝叢書編委會《延安文藝叢書》，湖南文藝出版社，1987
中國報刊史研究室編《延安文萃》，北京出版社，1984
中國社會科學院近代史研究所編《五四研究文選》，三聯書店，1979 年
《五四時期的社團》，三聯出版社，1979
《中共黨史教學參考資料》，中國人民解放軍國防大學黨史黨建政工教研室編印，1985
《中共黨史教學參考資料》，中國人民大學中共黨史系資料室編印，1979
中央檔案館編《中共中央檔選集》，中共中央黨校出版社，1982
中共中央黨史資料徵集委員會編《中共黨史資料》，中共黨史資料出版社，1985
中央檔案館編《中共中央政治報告選輯》，中共中央黨校出版社，1981
中華全國總工會中國工人運動史研究室編《中國工運史料》，工人出版社，1961

人民出版社編輯《第一次國內革命戰爭時期的農民運動資料》，人民出版社，1983
中國革命博物館,湖南省博物館編《湖南農民運動資料選編》，人民出版社，1988
廣州農民運動講習所舊址紀念館編《廣州農民運動講習所資料選編》，人民出版社，1987
中共廣東省委黨史資料徵集委員會等編《譚平山研究史料》，廣東人民出版社，1989
成仿吾《記叛徒張國燾》，北京出版社，1985
盛仁學編《張國燾年譜及言論》，解放軍出版社，1985
盛仁學編《張國燾問題研究資料》，四川人民出版社，1982
高新民，張樹軍著《延安整風實錄》，浙江人民出版社，2000
趙超構《延安一月》，上海書店，1992 年
陳學昭《延安訪問記》，中國國際廣播出版社，2013
《延安整風運動（資料選輯）》選編組選編《延安整風運動》，中共中央黨校出版社，1984
建眾編《延安整風運動和中國共產黨》，甘肅人民出版社，1982
張志清等著《延安整風前後》，江蘇文藝出版社，1994
中共中央黨校教育史研究組編著《延安中央黨校的審幹工作》，中央文獻出版社，2003
延安中央黨校整風運動組編寫《延安中央黨校的整風學

習》，中共中央黨校出版社，1988
《彭湃研究史料》編輯組編《彭湃研究史料》，廣東人民出版社，1981
《延安時期党的知識份子問題資料選輯》，陝西省社會科學院近現代史研究所編印，1984
《延安整風運動（資料選輯）》選編組選編《延安整風運動》，中共中央黨校出版社，1984
賈芝主編《延河兒女 — 延安青年的成才之路》，人民出版社，1999
《延安自然科學院史料》編輯委員會編《延安自然科學院史料》，中共黨史資料出版社北京工業學院出版社，1986
武繼忠，賀秦華，劉桂香編《延安抗大》，文物出版社，1985
《延安整風運動（資料選輯）》選編組選編《延安整風運動》，中共中央黨校出版社，1984
費孝通撰《我這一年》，三聯書店，1950
西北作家協會籌備委員會編輯《到群眾中去落戶》，西北作家協會籌備委員會，1953
福建人民出版社編輯部輯《知識份子思想改造的道路》，福建人民出版社，1958
中共中央組織部、中共中央文獻研究室編《知識份子問題文獻選編》，人民出版社，1983
中共中央馬克思、恩格斯、列寧、史達林著作編譯局國

際共運史研究室編譯《俄國民粹派文選》，人民出版社，1983
曾惇著《自覺地改造思想》，湖北人民出版社，1958
光明日報社輯《思想改造文選》，光明日報社，1951
丁玲等撰《論思想改造》，讀者書店，1949
知識書店編輯部輯《思想反省筆記》，知識書店，1950
白雁輯《思想改造範例》，文光書店，1949
任弼時著《土地改革中的幾個問題》，渤海區黨委，1948
廣西省人民政府土地改革委員會編《土地改革重要文選與經驗彙編》，廣西省人民政府土地改革委員會，1952
李健民編《土改的經驗與心得》，實用出版社，1950
劉少奇等著《土改整黨典型經驗》，中國出版社，1948
渤海新華書店編《怎樣進行階級教育和組織貧苦農民》，渤海新華店，1947
《土地改革參考資料選輯》，中國人民政治協商會議全國委員會秘書處輯印，1950
《土地改革重要文獻與經驗彙編》，中南軍政委員會土地改革委員會編印，1951
劉少奇著《關於土地改革問題的報告》，新華書店，1950
趙效民主編《中國土地改革史》，人民出版社，1990
《中國的土地改革》編輯部編《中國土地改革史料選編》，解放軍國防大學出版社，1988
中央檔案館編《解放戰爭時期土地改革文件選輯》，中

共中央黨校出版社，1981
李昌遠編著《彭真與土改》，人民出版社，2002
武霞、許俊基編《共產國際與中國革命資料選輯》，人民出版社，1985
中國社會科學院近代史研究所翻譯室編譯《共產國際有關中國革命的文獻資料》，中國社會科學出版社，1985
中共中央黨史研究室第一研究部編《共產國際、聯共(布)與中國革命文獻資料選輯》，北京圖書館出版社，1998
許俊基等編選《共產國際與中國革命資料選輯》，人民出版社，1988
中國社會科學院近代史研究所翻譯室編譯《共產國際有關中國革命的文獻資料》，中國社會科學出版社，1988
余伯流著《中央蘇區經濟史》，江西人民出版社，1995
舒龍、淩步機主編《中華蘇維埃共和國史》，江蘇人民出版社，1999
馬齊彬、黃少群、劉文軍《中央革命根據地史 》，人民出版社，1986
戴向青《中央革命根據地史稿》，上海人民出版社，1986
戴向青、羅惠蘭著《AB 團與富田事變始末》，河南人民出版社，1994
中共中央文獻研究室、中央檔案館編《從延安到北京》，

中央文獻出版社，1993
《井岡山革命根據地》寫作組編寫《井岡山革命根據地》，上海人民出版社，1977
鐘貽謀編著《海陸豐農民運動》，廣東人民出版社，1957
中共海豐縣委黨史辦公室、中共陸豐縣委黨史辦公室編《海陸豐革命史料》，廣東人民出版社，1986
葉左能、蔡福謀著《海陸豐農民運動》，中共中央黨校，1993
葉左能主編《海陸豐革命根據地》，中共黨史出版社，1991
廣東省社會科學學會聯合會等編《海陸豐革命根據地研究》，人民出版社，1988
瑞金縣誌編纂委員會編《瑞金縣誌》，中央文獻，1993
瑞金縣人民法院編《中華蘇維埃共和國審判資料選編》，人民法院出版社，1991
胡華主編《中共黨史人物傳》，陝西人民出版社，1985
廣東革命歷史博物館編《廣州起義資料》，人民出版社，1985
中央檔案館編《廣州起義》，中共中央黨校出版社，1982
中共廣東省委宣傳部編《廣州起義》，廣東人民出版社，1978
張振初編《安源大罷工前後》，湖南人民出版社，1981
中共萍鄉市委宣傳部《安源工人運動》編寫組編寫《安源工人運動》，上海人民出版社，1978

安源路礦工人運動紀念館編《安源路礦工人運動史料》，湖南人民出版社，1980
太行革命根據地史總編委會編《群眾運動》，山西人民出版社，1989
中國第二歷史檔案館編《中華民國史檔案資料彙編 第三輯 民眾運動》，江蘇古籍出版社，1991
中國人民革命軍事博物館編《陳毅元帥豐碑永存》，上海人民出版社，1986
斯坦因著《紅色中國的挑戰》，廣角鏡出版社，1977
姚乃文、姚寶暄編《在燃燒的土地上 抗戰文學的足跡》，北嶽文藝出版社，1988
莫里斯・邁斯納著《毛澤東與馬克思烏托邦主義》，中央文獻出版社，1991
班威廉克蘭爾著《新西行漫記》，新華出版社，1988
費正清著《美國與中國》，世界知識出版社，2000
柯文著《在中國發現歷史 — 中國中心觀在美國的興起》，林同奇譯，北京中華書局，1997
溝口雄三著《日本人視野中的中國學》，李甦平等譯，中國人民大學出版社，1996
溝口雄三著《中國の文學論》，汲古書院，1987
溝口雄三著《中國の公と私》，研文出版，1995
小山三郎著《近代中國的思想與文學》，內山書店，1995
野村浩一著《中國革命の思想》，岩波書店，1971
臺灣中央研究院近代史研究所編《中國現代化論文集》，

1991
於風政著《改造 — 1949～1957 年的知識份子》，河南人民出版社，2001
秦暉著《問題與主義 — 知識份子文存》，長春出版社，1999
錢理群著《拒絕遺忘》，汕頭大學出版社，1999
何曉明著《百年憂患 — 知識份子命運與中國現代化進程》，東方出版中心，1997
微拉・施瓦支著《中國的啟蒙運動 知識份子與五四遺產》，山西人民出版社，1989
王金著《抗戰時期的中國知識份子》，中國社會科學出版社，1996
L·G·丘奇沃德著《蘇聯的知識份子》，商務印書館，1978
余英時著《中國思想傳統及其現代變遷》，廣西師範大學出版社，2004
李歐梵著 王志宏譯《中國現代作家浪漫的一代》新星出版社，2005
李澤厚著《中國現代思想史論》，東方出版社，1987
戴晴著《現代中國知識份子群 — 梁漱溟、王實味、儲安平》，江蘇文藝出版社，1989
高華著《紅太陽是怎樣升起來的 — 延安整風的來龍去脈》，香港中文大學出版社，2000
蕭超然著《北京大學與五四運動》，北大出版社，1986
馮貴民著《毛澤東文藝思想體系論稿》，武漢出版社，

1992

朱鴻召著《延安日常生活中的歷史》，廣西師範大學出版社，2008

李輝著《搖盪的秋千 — 是是非非說周揚》，海天出版社 1998

陳徒手著《人有病天知否 — 1949 年後中國文壇紀實》，北京；人民文學出版社，2000

王培元著《延安魯藝風雲錄》，廣西師範大學出版社，2004

朱鴻召著《延安文人》，廣東人民出版社，2001

賀桂梅著《轉折的年代 — 40-50 年代作家研究》，山東教育出版社，2003

陳立明等主編《江西蘇區紀事》，南昌江西人民出版社，1993

余伯流、夏道漢著《井岡山革命根據地研究》，南昌江西人民出版社，1987 汪暉《預言與危機》，《文學評論》1989 年第 4 期

吳敏《試論 40 年代延安文壇的“小資產階級”話語》，《中國現代文學研究叢刊》2004 年第二期

耿化敏《試論延安知識份子群體的形成》，《黨史研究與教學》2006 年底第 4 期

高向明《我所知道的王實味》，《王實味冤案平反紀實》，北京群眾出版社，1993

宋金壽《為王實味平反的前前後後》，《王實味冤案平

反紀實》，北京群眾出版社，1993
淩雲《王實味的最後五十個月》，《王實味冤案平反紀實》，北京群眾出版社，1993
黃昌勇《生命的光華與陰影 — 王實味傳》，載北京《新文學史料》第 1 期，1994
高傑、路平《康生與延安審幹運動》，載太原《黃河》第 4 期，1989
李普《兩個相反的典型 — 談李銳並范元甄》，載廣州《同舟共進》2001，第 12 期
曹瑛《在延安參加整風運動和“七大”》，北京《中共黨史資料》(第 58 輯)，中共黨史出版社，1996 年
溫濟澤《第一個平反的“右派” — 溫濟澤自述》，北京中國青年出版社，1999
成仿吾著《戰火中的大學 — 從陝北公學到人民大學的回顧》，人民教育出版社，1982
王海平、張軍鋒主編《回想延安》，江蘇文藝出版社，2003
人民出版社編輯部編《回憶張太雷》，人民出版社，1984
劉林松、蔡洛編《回憶彭湃》，人民出版社，1992
楊公素著《滄桑九十年》，海南出版社，1999 年
蔡若虹著《赤腳天堂》，湖南美術出版社，2000
莫耶著《生活的波瀾》，陝西人民出版社，1984
李效黎著《延安情》，上海遠東出版社，1991
溫濟澤等編《延安中央研究院回憶錄》，湖南人民出版

社，1984
吳介民編《延安馬列學院回憶錄》，中國社會科學出版社，1991
王蒙、袁鷹編《憶周揚》，內蒙古人民出版社，1998
周巍峙著《年方九十》，中國文聯出版社，2006
侯波、徐肖冰口述《帶翅膀的攝影機 — 侯波、徐肖冰口述回憶錄》，北京大學出版社，1999
張國燾著《我的回憶》，現代史料出版社，1981
楊子烈著《張國燾夫人回憶錄》，自聯出版社，1970
龔楚著《我與紅軍》，南風出版社，1954
方志純著《贛東北蘇維埃創立的歷史》，人民出版社，1982
李一氓《李一氓回憶錄》，人民出版社，2001
陳士榘著《從井岡山走進中南海 — 陳士榘回憶毛澤東》，中共中央黨校出版社，1993
方志純著《回首當年》，江西人民出版社，1987
《李聚奎回憶錄》，解放軍文藝出版社，1986
蕭克《朱毛紅軍側記》，北京中央黨校出版社，1993
師哲《我的一生》，北京人民出版社，2001
李維漢《回憶與研究》，北京中央黨史資料出版社，1986
李德《中國紀事 1932-1939》，北京現代史料編刊社，1980
《黃克誠自述》，北京人民出版社，1994
《宋任窮回憶錄》，北京解放軍出版社，1994

《宋任窮回憶錄・續集》，北京解放軍出版社，1996
《楊尚昆回憶錄》，北京中央文獻出版社，2001
劉英《我和張聞天命運與共的歷程》，北京中共黨史出版社，1997
薄一波《若干重大決策和事件的回顧》，北京人民出版社，1997
《莫文驊回憶錄》，北京解放軍出版社，1996
《王首道回憶錄》，北京解放軍出版社，1987
《王平回憶錄》，北京解放軍出版社，1992
徐向前《歷史的回顧》，北京解放軍出版社，1987
《葉飛回憶錄》，北京解放軍出版社，1988
張正隆《血紅雪白》，解放軍文藝出版社，1989
文史資料委員會編《傅作義將軍》，中國文史出版社，1985
成仿吾著《長征回憶錄》，人民出版社，1977
馮玉祥著《我的生活》，黑龍江人民出版社，1981
《許德珩回憶錄》，中國青年出版社，2000
王凡西著《雙山回憶錄》，現代史料出版社，1980
黃慕蘭著《黃慕蘭自傳》，中國大百科全書出版社，2011
曾志著《一個革命的倖存者 — 曾志回憶實錄》，廣東人民出版社，1999
劉英著《在歷史的激流中》，中共黨史出版社，1992

附錄一：

何其芳“批評的自由”解讀

1938 年 8 月，何其芳在赴延安途中，想起蕭伯納離開蘇聯時說的一句話：“請你們允許我仍然保留批評的自由。”這可以視同何其芳面對延安所持的觀點。本文將考察，這種“批評的自由”源自何其芳怎樣的人生語境，以及它究竟具有怎樣的性質，會導致不久之後的何其芳自動停止對它的行使？

何其芳與延安其他作家不同，他是在整風的壓力到來之前就依靠自己思想的邏輯力量自主地實現了思想改造的部分內容。何其芳個案的意義即在於此。它使我們能夠比較方便地分離出在思想改造的過程中起作用的某些思想元素，比如“自由”的觀念，作一個有限然而清晰的觀察。

一、

這時的何其芳應該還是一個半吊子的羅曼·羅蘭式的個人主義者。在何其芳走出唯美派的藝術象牙塔與他進入延安成為一個共產主義者之間，存在著一個羅曼·羅蘭式的個人主義的過渡時期。雖然何其芳在這一時期所寫的文章中從未流露過自己是羅曼·羅蘭式的個人主義者，但他應該以口頭的或是私人通信的方式給朋友說過，因為在 1938 年 5 月何其芳寫文痛斥附日的周作人之後，何的一個朋友說何其芳不應該再稱呼自己為個人主義者。朋友的這句話被何其芳於兩年後記入一篇總結自己此前人生道路的文章之中。在記入這句話之後，何其芳才用括弧括起來的文字補充說明："一直到這時候我還間或又喜歡稱呼自己為一個個人主義者，羅曼·羅蘭所辯護過的那種個人主義者"。[1]

羅曼・羅蘭的個人主義通常被描述為戰鬥的個人主義，既強調為人類大眾的解放而戰鬥，又堅持個人的精神自由。羅曼・羅蘭在自己回憶錄結尾的一段話表明了他奉行一生的觀點："我當然不能從苦難與人類的行動中脫身出來，我還準備以藝術的一切手段參加進去。我拒絕加黨派。……我是自由的，並希望止于自由之境。如果我需要戰爭，我會進行隻身一人的、只對自己一人負責的戰鬥。"[2]在當時的西方陣營和蘇聯陣營之間，羅曼·羅蘭自認為是蘇聯革命的同路人 — 他是以自由之身獨立地參與了革命。但在當時的共產國際看來，羅曼・羅蘭應該更進一步，去掉他的獨立性和對精神自由的堅持，成為革命隊伍的一員，所以羅曼・羅蘭晚年多次遭

1 《何其芳文集》第二卷，頁 222，人民文學出版社，1982 年。
2 轉譯自日文版《羅曼・羅蘭全集・17 卷・自傳與回憶錄》，頁 265，東京みすず書店，昭和 44 年。

遇蘇共及法共作家的批評。其中指名道姓針對羅氏個人主義的一次是在 1932 年，蘇聯作家費多爾·格拉德科夫與伊利亞·謝爾文斯基對羅氏的個人主義表示了他們的不安，羅氏於是寫信給這二位作家，為自己的個人主義作了一番辯護。在信中羅氏聲稱自己是蘇聯革命的忠實友人和捍衛者，同時又是個人主義者和人道信仰者，並把自己對精神自由的堅持強調到絕對的程度。羅曼·羅蘭寫道：“我的一切考慮就是熱中于現在的自由和繼續自由的義務。我現在仍然是這樣。我畢生都是自由的。”[3]

羅曼・羅蘭的這封信在當年即發表出來，後來又被編入書信集出版，何其芳讀到的羅曼·羅蘭為個人主義辯護的那篇文章可能就是這一篇。羅氏一生中正面主張個人主義的文字極多，因遭受質疑而寫的為自己的個人主義“辯護”的文字則極少，最著名的就是這一篇。即使不對“辯護”一詞作狹義的理解，並將“辯護”的含義擴大到“主張”的範圍，也即把羅氏所有主張其個人主義的文字都包含在內，我們也看不到什麼與這一篇文字有本質性區別的觀點，因為羅曼・羅蘭的個人主義的基本觀點，終其一生，從未發生改變。

在何其芳赴延安之前所寫的文章中雖然沒有自稱是羅曼・羅蘭式的個人主義者的文字，但提及羅曼・羅蘭次數之多，明顯在其他任何作家之上。何提及羅曼・羅

3 《認識羅曼・羅蘭》，頁 144，中國社會科學出版社，1988 年。

蘭時，多是側重羅氏“在熱烈地關心著戰爭和在戰爭中的人群”，以及“竭個人的力量以貢獻於時代”，[4]雖然就羅曼·羅蘭對自由對精神獨立的強調，何其芳並未在文章中作過明確的介紹，但從一些用詞的選擇上仍可管中窺豹。何在介紹羅曼・羅蘭奉獻於時代這一方面的品性時，總是別有用心地點出羅氏是“盡他個人的力”，“竭個人的力量”，這或許是在暗示羅氏的不參加任何政治團體獨立地為人類奮鬥的個人主義主張。

何其芳說他“間或又喜歡”稱呼自己為羅曼·羅蘭式的個人主義者，言下之意是並非全天候地喜歡，或者還有喜歡其他自稱的時候，至於這其他自稱是什麼，何其芳在當時和事後都沒有透露過，在何的文集中也找不到明確的指向，也許根本不存在什麼明確的指向。這至少表示何其芳對自稱羅氏個人主義者會有“間或”的猶豫。

1937 年 6 月，剛剛走出唯美象牙塔的何其芳寫道：“一個誠實的人只有用他自己的手割斷他的生命，假若不放棄他的個人主義。”[5]這時候的何明確表示要放棄個人主義，但到了 1940 年 5 月何其芳重述這段歷史時卻有了微妙的不同：“我才清醒地想到一個誠實的個人主義者除了自殺便只有放棄他的孤獨和冷漠，走向人群，走向鬥爭。”[6]放棄的對象由個人主義變成了孤獨和冷漠，而

4 《何其芳文集》第二卷，頁 141。
5 同上注，131 頁。
6 《何其芳文集》第二卷，220 頁。

誠實的個人主義似乎還是很有前途的。

這裏的概念發生了一些混亂。何其芳在 1937 年 6 月說要放棄的個人主義是指他作唯美派時的個人主義，也就是五四新文化運動留給那個時代的一般意義上的個人主義，而他在 1940 年重述歷史時所說的個人主義則應該包括與此種個人主義大不相同的具有強烈的社會關懷現實批判的色彩的羅曼·羅蘭式的個人主義。之所以發生這種用語的前後矛盾，可能是因為何在 1937 年 6 月剛剛放棄一般意義上的個人主義時，還不知道世上有那麼一種可以兼顧社會參與的羅曼·羅蘭式的個人主義，就急急忙忙判了個人主義的死刑。當然還有另一種可能，即何其芳感到羅氏個人主義也有弱點，對之抱有時而肯定時而懷疑的矛盾心態，這或許就是何其芳說自己“間或又喜歡”自稱羅氏個人主義者的原因所在。

何其芳沉浸于羅曼·羅蘭式的個人主義的時候，可能希望把全部人生觀都寄託在它上面，這等於對羅氏個人主義提出了很高的要求。每當何感到羅氏個人主義的弱點時，他對羅氏個人主義的信任就會發生一定程度的動搖，就會“間或”不是很樂意稱呼自己為羅氏個人主義者，而在 1940 年何其芳重述歷史時，何已是中共黨員，已經徹底拋棄了羅氏個人主義，對它不再抱有患得患失的心態，它的弱點不再妨礙何其芳認定自己過去曾是一個羅氏個人主義者。於是今天的讀者看到，何在他的羅氏個人主義時期寫的文章中沒有承認過自己是羅氏個人主義者，反而在事過境遷之後的文章中承認了這一點。而何對於羅氏個人主義的疑慮，案發當時，即有坦白。

何其芳在 1938 年初寫道：“我們這民族的悲劇是雙重的，一方面誠實的智識分子已和羅曼・羅蘭一樣深切地感到個人主義者的短處，軟弱無力，一方面不近人情地忽視著個人的儒家思想還是有力地存在著。”[7]

筆者查閱了羅曼・羅蘭眾多的政論文章、書信與回憶錄，從沒有見到羅曼・羅蘭說自己的個人主義有什麼短處和軟弱無力，相反，筆者“深切感到”的是羅曼・羅蘭對自己的思想的絕對的自信和他面對千夫所指仍進行隻身一人的奮戰的超人般的勇氣。前引羅曼・羅蘭回憶錄中的那一段話即很生動地告訴了讀者這一點。而應該是閱讀了羅曼・羅蘭全部著作的羅曼・羅蘭研究者羅大岡則有這樣的感受和認識：“‘精神獨立’，‘思想自由’，這些錯誤概念有一個共同的出發點，就是對於自己思想的正確性的絕對肯定。……在我們見到的不少材料中，令人驚訝的正是羅曼・羅蘭的高度自信。我們還沒有發現過這位作家否認過自己‘正確性’的痕跡。正因為這樣，羅曼・羅蘭才始終不變地堅持‘精神獨立’。”[8]很難想像，一個如此自信的人會“深切地感到”自己極力鼓吹的個人主義的“短處”。

何其芳可能是在約翰・克裏斯朵夫的奮鬥和結局中

---

7 《何其芳文集》第二卷，頁 144。

8 羅大岡《論羅曼・羅蘭》，頁 353，上海文藝出版社，1979 年。

感到羅氏個人主義也有“短處”和“軟弱無力”的，這只是猜測，而不是結論，但可以肯定的是，何其芳從自己奉行羅氏個人主義的經歷中“深切地感到”了個人主義的短處和軟弱無力。何其芳在回顧自己赴延安的心態時曾說那時他在成都“感到一個個人主義者的戰鬥的寂寞和對於那種死沉沉的環境的無能為力”[9]。既然說到戰鬥，這裏的個人主義便可以確定為羅氏個人主義而不是他作唯美派時的個人主義。那時何其芳因為在周作人事件之後性急地寫了批周的文章，周圍的朋友沒有一個贊成他的，令他的寂寞情緒達到了小高潮，產生了去延安及華北前線的念頭。

何其芳作為一個羅曼・羅蘭式的個人主義者並不合格，除了自信沒有達到絕對的程度外，再就是對寂寞孤獨的承受力十分低下，渴望友伴的溫情，這也是他一入延安即樂不思蜀的主要原因。何其芳之對羅氏個人主義發生共鳴，應該是看上了羅氏個人主義能夠將獨立和參與的兩難選擇雙全於一身。五四新文化運動留下的個人主義傳統，因其在關注社會現實方面的欠缺，不能夠滿足何其芳這方面日益增長的精神需求，但這個傳統對精神自由的堅持，又為何其芳所不願丟棄者。於是羅曼・羅蘭的個人主義應時而現，成為何其芳在信仰共產主義之前的過渡。

---

9 《何其芳全集》第六卷，頁 482，河北人民出版社，1999 年。

在中國現代史上，引領社會實行徹底改造的責任和對政治權力實施輿論監督的責任都主要落在知識份子肩上，幾乎沒有其他任何一個社會階層與之分擔，身兼二任的知識份子因此面臨獨立與參與的兩難選擇。何其芳最初的選擇是兩者的共存並立，羅氏個人主義的既關注社會現實又強調精神自由，最合他的脾胃。而當時何其芳的參與方式尚不是直接參加政治運動，而是置身政治團體之外，寫一些關注社會批判現實的文章，其獨立文化人的身份未受觸動，在“參與”和“獨立”之間還可保持平衡。問題是參與的熱情會促使何其芳加深其參與的程度，由此連帶發生參與方式的改變，平衡的保持就十分艱難了。

“請你們允許我仍然保留批評的自由”，這句話同樣微妙地表現了何其芳此時尚處於平衡狀態的人生兩極，其在第一層面強調的是對獨立批判精神的堅持，在另一層面上則透露了何其芳參與社會改造的方式 —— 文字批評，輿論監督。

二、

何其芳進入延安三個月後即寫了一篇《我歌唱延安》的散文，歌唱延安“自由的空氣、寬大的空氣、快活的空氣”的文章。在文章中，何其芳為說明延安的自由狀況舉了一個例子：延安對來延的知識份子不加絲毫的限制。其原因 —— 據一個“高級工作同志”說 —— 則是

"我們認為到延安來的知識份子都是中華民族的精華"，這位高級工作同志還講了一番道理："認識人不能單看缺點，而且從缺點也可以看出長處"，例如"驕傲的人有自信心，可以把計畫好的工作交他去做；怯懦的人謹慎，可以當會計；吊爾郎當的人會交際；而普通認為背景複雜的人多半經驗豐富，知道許多理論，總會接近真理，承認真理"等等[10]。

何其芳據此認為延安有太多的自由的寬大的空氣，甚至由此出現了一種擔心："這種自由的寬大的空氣不會影響到工作的緊張，生活的嚴肅嗎？"

"寬大的空氣"中的"寬大"是形容詞，但從何其芳所舉之例的內容來看，"寬大"實際根源于作為謂語動詞的"寬大"，其行為主體是延安的執政者，是他們的遠見卓識和寬大行為造就了延安的自由空氣。在這裏，自由是被給予的，對外來知識份子加不加限制，權在執政者，現在不加限制，是執政者的寬大。何其芳在文章中並沒有提到外來知識份子的個人權利除了執政者的寬大之外是否還有什麼其他保障，例如法律保障，或是他們握有什麼能夠限制執政者權力的武器。在完全沒有提及這些的情況下，何其芳將執政者的恩賜等同于知識份子的自由。

何其芳的自由觀應該是比較側重于現時點個人不受

10 《何其芳文集》二卷，頁 176-177。

干涉的生存狀況，而共和主義所強調的對於自由的保障以及自由從這些保障中獲得的本質則尚未進入何其芳的視線範圍。由此看來，何其芳對於自由的理解也就是剛剛超過“柿油黨”（語出《阿Q正傳》）的水準。

何其芳在文章中感歎延安甚至對“不三不四的新聞記者”也未加以限制。[11]從何其芳的角度看，未對這些記者加以限制的原因可能在於，被這些記者拍去幾張延安醫院的照片並不能給延安造成什麼了不起的損害。這些記者顯然不是延安系統的人，而屬於敵對系統或敵意系統，對他們的限制可能牽涉到中共對外統戰的複雜關係，可能反而對於革命事業較為不利。這件事明顯是屬於統戰的範圍而非自由的範疇，只能證明何其芳的天真，而不是說明延安自由狀況的良好事例。

更典型地體現了延安的“自由”性質的是何其芳在文章中提到的一次“咬被窩事件”：抗大的一個小隊裏進行著內務整齊的競賽，因為被窩厚，不容易折成直角的方形，有人發明了用牙齒把折痕咬成一條直線的方法，而且頗有效仿之人。延安某詩人以蘇聯的標準衡量之後很不以為然，寫信告到毛澤東那裏。於是這種錯誤很快得到了糾正。[12]

用牙咬的方式整理被褥，如果發生在軍事組織之外，任何人都會說這是個人自由，如果發生在軍隊也許

11 同注10，頁176。
12 同注10，頁179。

有人會說這應屬於軍隊紀律的管轄範圍。但就何其芳文中透露的資訊來看，這種整理內務的新方法並沒有受到小隊領導或小隊之上的中隊、大隊以及校方領導的制止，顯然這種方式沒有違反到八路軍的紀律傳統，而是被默認為管理框架允許的自由創造。但是，並非職業軍人出身的最高領導人毛澤東認為此種方法是一個錯誤，於是這種錯誤的“自由”很快就被糾正了。

問題在於何其芳沒有意識到在此事件中自由受到了干涉，何其芳認為是“錯誤”得到了糾正，並將此事作為論證“錯誤在延安不能長成起來”的事例。

依照何其芳的理解，自由應該在正確的方向上伸展，錯誤不能進入自由的範疇。這裏的自由應該與作為人的權利的自由無涉，或者可以說，權利的因素在自由概念中並不是第一位的，處於第一位的是合乎社會發展規律的“正確”原則。這讓人想起梁漱溟關於自由的一句話，“你對，就許你自由，否則不能自由。”[13]這是當時中國的社會改造運動面對龐大守舊勢力時必然產生的邏輯。

可以看到，這種在中國的時代土壤中培育起來的自由的邏輯與羅曼・羅蘭精神自由的根基 —— 法國式的“積極的自由”是頗有相通之處，所以何其芳對羅曼·羅蘭個人主義的選擇才顯得那麼自然。

---

13 《梁漱溟全集》第二卷，頁 298，山東人民出版社，1991 年。

還有一點必須確認，就是何其芳此時的自由觀是他進入延安後新接受的還是他進入延安之前就有的？如果我們假定兩者之間有很大的區別的話。有一個間接的證據：何其芳稱呼延安的高級幹部為"高級工作同志"——但凡吃過我黨幾年乾飯的同志都知道，這是很門外的說法——可見此時的何其芳對於中共話語系統的瞭解應該還處在劉姥姥初進大觀園的時態，其自由觀應該還沒有受到延安意識形態的浸潤，還是他進入延安以前積養而成的觀念，因為深層觀念的改變總比學幾句時髦用語要困難得多。

三、

在寫作《我歌唱延安》的那個月份裏，何其芳加入了中國共產黨，他的身份與他的參與社會改造的方式同時發生了轉換，他由一個置身黨外的獨立平等的批評者轉換為欲對中國社會實行最激進之改造的政治組織之一員。當時的實際情況表明，這種身份和參與方式的轉換，並不一定意味著批評的停止，監督可以由體制外轉為體制內。丁玲、王實味同樣具有黨員身份，而他們依然能夠在當時延安的民主監督機制內對黨內不良現象提出批評。從何其芳當時留下的文字看，何並沒有清楚地意識到自己身份的轉換，所以他自動停止對延安的批評並不是因為這種轉換，當然也不是因為後來整風時才出現的外在壓力，而是源於他內心發生的另一種變化：

"我是想經過它（指延安，筆者注）到華北戰場去。我還不知道自己需要從它受教育。我那時是那樣狂妄，當我坐著川陜公路上的汽車向這個年輕人的聖城進發，我竟想到了倍納德·蕭（今譯蕭伯納，筆者注）離開蘇維埃時的一句話：'請你們允許我仍然保留批評的自由。'但到了這裏，我卻充滿了感動，充滿了印象。我想到應該接受批評的是我自己而不是這個進行著艱苦的偉大的改革的地方。我舉起我的手致敬。我寫了《我歌唱延安》。"[14]

何其芳在這段話中提到他對"請你們允許我保留批評的自由"的否定與他寫作《我歌唱延安》有因果關係，兩者發生的時間也是大體同時，都是在何其芳進入延安後三個月之內，因此兩者在思想上應該是內恰的，也就是說，讀者可以用《我歌唱延安》的內容印證這段話的疑義。

何其芳這段話至少留有三個疑問，需要對其所有可能的選項逐一分析，排除其不合理者，最後留下比較接近事實的答案。

疑問一：何其芳是在何種意義上反對批評延安？

何其芳在《我歌唱延安》提到延安某詩人向毛澤東寫信批評抗大某小隊內務競賽中的不良傾向，即前面提到的"咬被窩事件"，這當然是一種批評，而何其芳顯

14 《何其芳文集》第二卷，頁223。

然認為延安是需要這種批評的，並且認為此種批評對保證“錯誤在延安不能長成起來”具有重要作用。

何其芳還曾在晚年回憶毛澤東的文章中提到他在 1942 年前後與一位主張暴露延安黑暗的魯藝教師的爭辯。42 年的何已是“歌頌光明派”的大將，但其主張仍可視作《我歌唱延安》的延伸。那位魯藝教師辯說：“‘暴露黑暗’固然用詞不恰當，但是難道我們的工作中就沒有缺點和錯誤嗎？如果換一個提法，比方說換為自我批評，不是就沒有問題了嗎？”何其芳事後回憶道：“我當時竟是那樣的無知和可憐，就找不到有力的話來駁斥他這樣的辯護。”[15]可見何其芳對於自我批評意義上的批評是不反對的，而這種自我批評應該就是何其芳在《我歌唱延安》中稱讚過的保證“錯誤在延安不能長成起來”的那種批評。

何其芳反對的應該是另一種意義上的批評，也即他曾隱藏在“請你們允許我保留批評的自由”這句英國式的禮貌用語背後的保持著批評主體的獨立對等地位的批評，而且其聽眾應該還包括了延安之外的廣大社會階層，批評的標準也與延安的標準有所不同，其批評的矛頭會主要指向作為一個整體形象的延安，而不是局限於具體的不良現象。在何其芳實際感到了自己與延安之間的巨大落差之後，這種獨立對等的批評意識自然就變性

15 《何其芳文集》第三卷，頁 57。

為一種“狂妄”。何其芳可能認為“暴露黑暗派”或多或少地具有這種“狂妄”的性質，而王實味、艾青、蕭軍有關政治與文藝關係政治家與文藝家關係的觀點，確實也很難不令何其芳產生這樣的聯想。對於魯藝那位教師的辯解，何其芳可能心內不服，但一時又無法說清，因此陷入辯論的窘境。

疑問二：何其芳究竟是只放棄了對延安的批評，還是連帶放棄了批評自由本身？

從何其芳在《我歌唱延安》中對延安自由的讚美看，自由對於何來說仍是有價值的東西，由此可以肯定何其芳對蕭伯納那句話的否定在主觀意識上不包括對批評自由本身的否定，他只是在否定“狂妄”層次上的對延安的批評。何其芳也沒有說自己放棄批評延安就是放棄了批評自由，但此自由不是彼自由，其中的獨立、對等之意已消失無蹤。從這個意義上講，何其芳對蕭伯納那句話的否定確實包括了他在赴延安途中想起蕭伯納那句話時所意識到的批評自由。

那麼，剩下的是什麼，是自我批評意義上的批評的“自由”。此種自我批評是列寧主義政黨的組織原則民主集中制的一個組成部分，以維持集團的生命力為目的，與作為個人權利的自由完全無涉。它對批評者的身份、批評的標準、批評的聽眾都有自己的規定，這種批評的“自由”已經遠離自由的範疇，而更近於“黨性”了。

疑問三：何其芳究竟因為什麼自動停止了對延安的批評？

何其芳在晚年回憶 1941，1942 年前後他之所以反對“暴露黑暗派”，是因為“它們給我心目中最崇高最珍貴的事物抹上了不可容忍的污穢的東西”，是“出於愛護黨領導的延安的人民和事物的政治直感、政治熱情”。[16]共產黨之外還有國民黨，給延安抹黑不利於延安的生存發展，這是當時延安“歌頌光明派”反對“暴露黑暗派”的理由之一。但是這種理由之成立是以批評者與延安之外的第三者存在為前提的，何其芳的“政治直感”即可為證，而前引何其芳那段否定蕭伯納話語的文字只涉及何與延安兩者之間的糾葛，所以最初何放棄對延安的批評的原因應該不包括擔心此批評會給何“心目中最崇高最珍貴的事物”抹黑這一因素，這將導致下面一個結論的成立，即 1938 年 11 月何其芳在延安面前突然感到的巨大落差已經足以使他放棄對延安的批評了。

何其芳在進入延安後兩個月後即感到延安所代表的思想道德水準比他以前預想的要高很多，與此相對，自己的水準則比以前的自我評估要低很多，這一突然產生的巨大落差使何其芳心中頓生慚愧，感到“應該接受批評的是我自己而不是這個進行著艱苦的偉大的改革的地方”。這句話的意思從字面上理解有兩種可能，一種是

16 《何其芳文集》第三卷，頁 57。

延安極為完美，沒有可批之處，另一種是何其芳自認為沒有批評延安的資格。何其芳在《我歌唱延安》中已經否定了前一種可能，何眼裏的延安顯然還未臻此至善之境，因為延安還需要自我批評作為抑制錯誤生長的保障；於是何其芳放棄對延安的批評便只能歸因於落差的另一邊，即何其芳這一邊。

擁有唯美派經歷的何其芳無法在革命資歷方面與趾高氣揚的丁玲、蕭軍、艾青等人相比，甚至在面對自己的學生時何其芳也會感到這方面的慚愧。[17]這種慚愧使得何其芳在政治方面擁有一種非常真誠的謙虛態度。1941 年前後，何其芳提出一個觀點，主張新詩的範圍應該服從於新民主主義這個政治口號。[18]據何後來的解釋，他倒是沒有將文藝變成政治八股的意思，他只是想把新詩的內容擴大到新民主主義的疆界。看來他是用一種非常美好的理想無限廣闊地理解了新民主主義。何還提出“我們應該提高我們自己到馬列主義的詩作者的水準，用馬列主義的立場去歌唱新民主主義這個範圍內的各種各樣的內容”。這裏又引申出另一個問題，即歌唱延安的資格比批評延安的資格要低得多，歌唱者的思想能力能達到馬列主義的水準固然好，尚未達到的，比如

17 參見《夜歌・四》及《快樂的人們》，《何其芳文集》第一卷，頁 97、109。

18 雷加《四十年代初延安文藝活動（三）》，載《新文學史料》1981 年 4 月，頁 206。

剛進延安的何其芳，照樣具有歌唱的資格。而同樣的資格，拿去批評延安，即屬"狂妄"。這也不難理解。這是題外話。值得注意的是，何其芳於此表現出來的天真爛漫的政治理論水準，也確實難以支撐他批評延安的資格。

時間進入1942年，何其芳在4月4日的《解放日報》上發表了一篇題為《為孩子們工作》的文章，文章的主題是呼籲為孩子和教師們解決一些問題和困難，給他們"一些生長上或工作上必需的精神方面的營養"，但文章的一些段落卻從此方向上偏離，矛頭隱隱指向暴露黑暗派，也算是何其芳對十天前發表的王實味的《野百合花》的一個回應。王實味《野百合花》發表的當天，何其芳在講課時很生氣地對學生們說："什麼野百合花！是野草，雜草！"[19]令人意外的是，何其芳的回應與後來延安作家群起而攻之的文章有很大的不同，相比之下，何文與王文反而有更多的共通點。何其芳寫道："革命並不像做一篇文章或者畫一幅畫那樣容易。它要通過很多很多的災難。它要一邊與強大的敵人作戰，一邊克服著自己內部的弱點。由於歷史的罪惡的累積，弱點是也存在於革命的中國和革命的中國人身上的。"作文章和畫畫之語，明顯是譏諷丁玲發起的雜文運動以及延安三位畫家從1942年2月開始在延安各單位巡迴展出的諷刺畫展，但後面對於革命弱點的認識的文字卻像是丁玲王實

19 《何其芳文集》第三卷，頁57。

昧文章的翻版。歌頌光明和暴露黑暗，爭論的雙方至少各有一半是站在共同的啟蒙思想的平臺上以同一種思維模式認識革命隊伍的弱點的，同樣都舉起了一隻手，落下去王是抨擊，何是撫摸。對於暴露黑暗派指為"骯髒污穢"、"細菌"、"疾病"和"黑暗"的東西，何其芳則用"不潔"和"塵土"描述之，用詞溫和婉約，不愧是溫庭筠的傳人。雙方的主要分歧在於使用什麼方式方法消除革命隊伍存在的弱點，暴露黑暗派的方法如其名號所示，而何其芳給出的藥方則是籠統地說"我們還是要大刀闊斧地活下去，就在這充滿著塵土的空間裏活下去，而且積極地做著改變環境的工作，只是這樣也不滿，那樣也不滿，而不自己動手來做，那是懶惰者藉以掩飾其懶惰的行為。"[20]何其芳的意思是，對於革命隊伍的弱點，象暴露黑暗派那樣只是寫雜文表示不滿是遠遠不夠的，當然，寫暴露黑暗的文章給延安抹黑就更加不對，正確的方法應當是"自己動手來做"。何其芳是如何"動手來做"的呢？何在 1947 年寫的兩篇談延安的京戲和跳舞的文章對此作了部分的交代。對於王實昧在《野百合花》中諷刺為"歌囀玉堂春，舞回金蓮步"的這兩種文娛活動，何其芳當時也是持反對態度的。據何說，他反對京戲，主要是受五四運動的影響，認為是封建性的東西，但因為此前只看過半場京戲，對於自己

20 《何其芳全集》第六卷，頁 511-512。

反對的東西缺乏瞭解，所以也就沒有積極參加當時在魯藝的壁報上發生的爭論。[21]對於跳舞，何其芳認為是"不潔之物"，"覺得它既是玷污了延安這個革命聖地，又玷污了魯藝這個'藝術聖殿'"，並以實際的行動反對過兩次。一次是魯藝文學系開同樂晚會，有一位在外國住過多年的同事搬來留聲機讓大家跳舞，何其芳"反對了他"，具體的反對方式估計是何其芳以系主任的身份制止了這件事；第二次是在後來的全校新年晚會，這位同事熱心籌備，居然開成了一次在延安是空前的舞會，事後何其芳在教職員聯合會上"頗為憤慨地反對了他"。[22]看來何其芳頗有革命原教旨主義的情懷，對於跳舞這種資產階級腐朽生活方式之深惡痛絕實不在王實味以下，但反對的方式卻大相徑庭。王是寫文章暴露諷刺之，何是在文學系範圍內與教職員聯合會上反對之，也就是不會給延安抹黑的內部批評的方式。與王實味、丁玲將批評的矛頭泛泛指向延安甚至暗暗指向黨內高層及其眷屬不同，何其芳批評的矛頭始終針對某個具體的事項和某個具體的同事。這樣的方式確實也比較適合何其芳，何其芳與那個同事的關係至少是平等關係，不存在資格不夠能力不足的問題，對於這個同事，何其芳倒是始終享有並實際使用了"批評的自由"。

---

21 同注 20，頁 570。

22 同注 20，頁 568-569。

四、

前引羅大岡那段文字雖寫于文革以前，觀點、話語都帶有那個時代的痕跡，但這並不能掩蓋這位研究者在大量閱讀羅曼・羅蘭原著的基礎上對羅曼・羅蘭的一種精神特質的準確把握：羅曼•羅蘭對自己思想正確性的絕對自信是其能夠在千夫所指的環境中堅持精神獨立思想自由的保障。而缺乏這種保障的何其芳則在沒有任何了不起的外在壓力的情況下自動放棄了對批評自由的行使。

在這一點上，何其芳也不同於在整風的壓力下完成思想轉變的其他延安作家，這就為我們觀察延安知識份子喪失批評自由的內在原因提供了一個很好的視窗。另一個反向的視窗則是由蕭軍提供的。真是相映成趣，蕭軍竟然也是羅曼・羅蘭的信徒 — 這位仁兄在延安文藝座談會上聲稱自己相信羅曼·羅蘭提倡的新英雄主義。此名稱來源於羅曼·羅蘭 1934 年寫給《貝多芬傳》、《米開朗基羅傳》、《托爾斯泰傳》的中文譯者傅雷的一封信，這封信被傅雷作為 1935 年出版的《托爾斯泰傳》的代序，由此在中國流傳開來。羅曼·羅蘭在信中對英雄的概念作了重新界定：

“為驕傲為榮譽而成為偉大，未足也；必當為公眾服務而成為偉大。最偉大之領袖必為一民族乃至全人類之忠僕。昔之孫逸仙、列寧，今之甘地，皆是也。至凡天才不表于行動而發為思想與藝術者，則貝多芬、托爾斯泰是已。吾人在藝術與行動上所應喚醒者，蓋亦此崇高之社會意義與深刻之人道觀念耳。”[23]

蕭軍所欲成為的，當然是發其天才于思想藝術方面從而喚醒民眾改造社會的新式英雄，用蕭軍本人更直白的話說，就是“不但要做中國的第一作家，而且要做世界的第一作家”，[24]新英雄主義就其本質來說，不過是從不同的角度對羅曼・羅蘭的個人主義作的另一種描述。其英雄的定義是為公眾服務，在精神上引領大眾（因此當然需要精神自由），有別于舊式英雄，故被稱為新英雄主義。而羅曼・羅蘭的個人主義說白了就是偉人主義，因為他那種絕對的自信和勇氣只有少數幾個偉人能夠擁有。兩者在三四十年代是時常通用的，茅盾在 1945 年 2 月紀念羅曼・羅蘭逝世的文章《永遠的景仰和紀念》中說“羅曼・羅蘭的基本思想是個人主義，或者也可稱為新英雄主義”即可為證。[25]不過胡風一派人馬嫌棄個人主義在當時背景下的負面含義，更喜歡使用的是新英雄主義。[26]

強悍的個性，名噪一時的文學聲譽，對自己的文學

23 《傳譯傳記五種》，頁 397，三聯出版社，1983 年。

24 《何其芳文集》第三卷，頁 88。

25 《茅盾文集》第十卷，頁 103，人民文學出版社，1961 年。

26 1944 年 11 月 5 日胡風寫信叮囑舒蕪，“個人主義”這名詞即使加上了“戰鬥的”形容詞，也用不得，應該是要“集體主義的堅強的個人”，決不能要“個人主義的個人”。《胡風全集・第九卷・書信》，頁 491-492，湖北人民出版社，1999 年。

才能超過實際水準的估價，身後有個可與毛澤東的權威抗衡一下的導師魯迅，以上這些因素導致了蕭軍對自己思想正確性的高度自信，蕭軍也由此博得了“狂人”的名號。何其芳改正了“狂妄”的同時也喪失了批評的自由，而在延安整風中“狂妄”依舊的蕭軍卻以其超強的自信守住了精神獨立思想自由的陣地。自由竟要以個體的自信作最後的唯一的防線，對於這種自由的最後享受也只能是偉人和自認為是偉人的人的專利。

只能憑藉思想道德能力的自信而堅守住的精神自由，可以因思想道德能力的缺失而失去的批評自由，這種自由在本質上應該不是一種權利。那麼它是什麼呢？

何其芳所說的批評自由主要涉及思想自由、言論自由。而在中國現代史上，人的自由被分成了兩大類，一類是生存的自由，這種自由在中國現代史上普遍被承認是一種權利，生存的權利牢固地附著在生命體之上。何其芳當然不能免俗。何於 1946 年寫道：“知識份子與廣大人民同處於相通的命運，他們的生存受到極大的威脅，要說他們的抗戰帶有個人目的，這種個人目的也不應該被鄙視。”[27]何其芳在此承認的是不以道德、能力為先決條件的人的生存權利。另一類自由是政治自由，其中的投票權之類在中國現代史上並沒有多少人關心，而與精神自由有關的思想自由、言論自由、出版自由等

27 《何其芳文集》第二卷，頁 340。

則被知識精英們頻繁地掛在嘴邊，原因在於它們對於救國救民對於監督政治權力非常有用。這幾種自由作為人權的性質似乎已被它們的功用掩蓋了，功能頂替了內涵，自由成了羊頭招牌下的狗肉。[28]因此，我們對於何其芳在意識的潛層將代表功用的"能力"作為批評自由的一個主要因素，也就沒什麼可奇怪的了。

在中國現代史上，無論是何其芳還是其他任何知識份子，從來沒有為農民呼籲過思想自由言論自由 —— 因為沒有必要，農民不具有何其芳們所認可的"思想"，這種"思想"被認為是從西方傳來，或是由十月革命的炮聲送來，而農民的所思所想是上不了這個檔次的，不具有指導社會改造的功用，因此在無形中被排斥于"思想自由"的範疇之外。中國現代史上的思想自由乃是精英層的特權，其之所以為特，就在於只有精英們才具有"思想"的能力。"能力"成為了思想自由的基因。

依此邏輯引申下去，"思想""能力"還有正確錯誤之分，錯誤的思想只能誤國禍國而不能救國，所以，思想自由必須把錯誤思想排除在外。這種時候，對於錯誤思想的判斷是個難點，由誰判斷，判斷的標準是什麼，常常需要思想以外的力量介入解決。另外，還有一些思

28 參見甘陽《自由的理念：五四傳統的闕失面》，載《讀書》1989年第 5 期，頁 11-19。甘陽觀點：五四的個性解放並非以個人自由為目的，而是將其作為一種全盤反抗舊社會的手段，一種全面改造社會的手段。

想則先天地屬於邪惡，無需判斷對錯，比如汪精衛的思想，那是思想者的人格或立場出了問題。所以毛澤東在文藝講話中提出立場問題後，主張創作自由的人全部啞口無言，[29]其原因就在於主張創作自由者對自由的理解已然包含了排除錯誤及邪惡思想的邏輯。這是意味深長的:自由的喪失，竟然是在“自由”的邏輯之內開始的。

---

29 最典型的是艾青的前後變化，可參看艾青《瞭解作家，尊重作家》和《我對於目前文藝上幾個問題的意見》，載《抗日戰爭時期延安及各抗日民主根據地文學運動資料（上）》，頁 115-117、140-151，山西人民出版社，1983 年。

附錄二：

小議懷安詩

1941 年 9 月 5 日，陝甘寧邊區政府和邊區參議會負責人林伯渠在邊府交際處設宴，招待中共革命諸老及身為邊區參議員的若干位地方耆舊民主人士，席間，林伯渠倡議成立懷安詩社，寓意老安少懷的社會理想，諸人贊同，紛然賦詩，時稱延水雅集。

詩社作者圈前後共約五十餘人，中國共產黨方面有林伯渠、徐特立、吳玉章、朱德、葉劍英、李木庵、謝覺哉、高自立、魯佛民、朱嬰、吳縑（女）等，地方耆老與民主人士有續范亭、熊瑾玎、錢來蘇、黃齊生、汪雨相、安文欽、戚紹光、賀連城等，其中多有前清秀才。新文學作家如蕭軍亦偶以舊詩示懷安諸老。

延安舊體詩的報刊發表在當時極為罕見，與新詩相比，幾成點綴，多數時候連點綴都點綴不上。以 1941—1942 年為例，《解放日報》統共在報屁股上發表過三次舊體詩。1941 年 10 月 16 日《解放日報・文藝副刊》，以《懷安詩選》為專欄標題，發表了林伯渠、謝覺哉、朱嬰、李木庵的六首詩詞，1942 年 2 月 21 日《解放日報·文藝副刊》又發表了續范亭、林伯渠、張曙時、李木庵、李健侯詩詞七首，1942 年 11 月 8 日《解放日報·文藝副刊》單獨發表了續範亭的三首舊體詩。與此同時，新詩則近乎每週都在《解放日報》上留下身影。1946 年毛澤東由重慶返延，歡迎詩紛見報章，《解放日報》刊發四首，無一首舊體詩，全為新詩，李木庵做舊體歡迎詩，只能存放於自家窯洞。[1]

《解放日報》刊發舊體詩，據說請示過毛澤東，毛澤東說舊詩不好懂，容易束縛思想，不提倡寫舊體詩，但有些老人不會寫新詩，只會寫舊詩，發表一些也是可以的。[2]《解放日報》發表舊體詩，主要是照顧黨內外老人，照顧黨外老人時，應有統戰之意。

懷安諸老寫詩，全為手寫抄送：將自己的新作抄在一本冊子上，送與第二人，第二人添上自己的新作，送回第一人或送與第三人，如是輾轉傳遞，互相唱和。

延安舊體詩的這種存在狀態，與中國共產黨的新文化運動出身密切相關，在當時中國共產黨的文學觀念中，沒有舊體詩的位置，延安舊體詩只好在文學主流之外的個人私域尋求生存空間。

懷安詩基本局限在數十人甚至數人的文人小圈子內，內容不外文人的披襟述懷，應答酬和，自娛自樂。

詩社成立之初，林伯渠給詩社戴了一頂大帽子，說詩社宗旨在於利用舊形式，裝置新內容，用詩歌激勵抗

---

1 《窯台詩話》，頁 54，李木庵編著，湖南人民出版社，1984 年。

2 《延安〈解放日報〉史》，頁 360，王敬主編，新華出版社，1998 年。

戰，收復國土，反對專制，爭取民主，揭露黑暗，歌頌光明，團結同情者，贊助革命。[3]但數人至數十人的小圈子文學怎能發揮此等作用？故爾不管舊體詩的作者們如何聲稱與實踐，其舊體詩創作都不具備其所聲稱的現實功用。

懷安詩社社長李木庵在《懷安詩刊・序言》中如此建立舊體詩與抗戰的聯繫："一國興亡，視乎民氣；民氣升沉，系于時志；士志激越，發為心聲。詩詞歌曲，皆心聲也。"[4]他以為士志與民氣有一種必然的自足的連結，這種觀念可以追溯到清代以前，與近現代社會的大眾動員觀念，特別是中國共產黨的大眾動員理念基本上沒有關聯。

李木庵曾做《讀毛主席〈論聯合政府〉書後》詩：

苦口談國策，生死兩條路。
專制與民主，劃然不相符。
前者敵所喜，後者敵所懼。
利敵與制敵，擇術何可誤。
……
階層利益同，主從宜交護。
摒除官僚習，端為民服務。[5]

3 《窯台詩話》，頁 2，湖南人民出版社，1984 年。

4 李木庵《懷安詩社概述》，載《懷安詩社詩選》，頁 292，陝西人民出版社，1980 年。

5 《懷安詩選》，頁 84，人民文學出版社，1979 年。

這首詩的內容與毛澤東的政論長文《論聯合政府》大致類同，但後者在意識形態方面的功能是前者的舊詩形式所不能承載的，毛澤東本人也不使用舊體詩詞的形式參與構建中國共產黨的意識形態。

毛澤東 1936 年寫有《沁園春・雪》一詞，氣魄直追秦皇漢武，據毛澤東本人後來解釋，這首詞的內容為反封建與表現無產階級氣概。[6]內容如此正面有益的一首詞，在毛澤東寫成十年內從未發表，是毛澤東不想它發揮有益之社會作用？似乎不是。除了容易引起人們誤會其有“帝王思想”外，應該還與毛澤東認為舊體詩詞的形式“不好懂”“束縛思想”因而無從發揮其社會作用有關。

1936 年 11 月，丁玲赴延安，毛澤東寫《臨江仙・給丁玲同志》這首詞是用電報發給已從延安赴前線的丁玲的，是毛澤東通過軍隊的通訊系統傳給丁玲個人的，雖然帶有一些革命領袖團結革命文人的成分，但仍屬於革命領袖與革命文人的私人交往，與革命領袖通過文字寫作進行大眾動員或建構意識形態並無關聯。在毛澤東有生之年，這首詞也從未發表過。

此後數年間，毛澤東沒有再進行過舊體詩詞創作，

---

6 針對第十四首《沁園春·雪》，毛澤東批註道：“雪：反封建主義，批判二千年封建主義的一個反動側面。文采、風騷、大雕，只能如是，須知這是寫詩啊！難道可以謾罵這一些人們嗎？別的解釋是錯的。末三句，是指無產階級。”

其思想表述都使用通俗的文章及講演形式。

林伯渠成立詩社雖包含統戰意味，但林伯渠等黨內諸老在寫作舊體詩時亦得自娛。林伯渠等共產黨政府官員的本職工作是解決邊區的各種社會問題，但其解決問題的方式方法並不是寫作舊體詩，寫作舊體詩是他們“工作之餘暇”的業餘行為,具有相當程度的自娛成分。

1942 年 7 月，朱德車載徐特立、謝覺哉、吳玉章、續范亭諸老同游南泥灣，朱德作《遊南泥灣》詩，諸老做和。

朱德詩曰：

遠望樹森森，清風生林表。
白浪滿青山，綠葉棲黃鳥。
……
諸老各盡歡，養生亦養腦。
熏風拂面來，有似江南好。[7]

詩中雖然也描寫了軍屯前後的巨大變化，有歌頌八路軍功績的意思，但在此種局限於十數人小範圍的歌頌中，相對於給予八路軍的實際意義，諸老從田園遊中獲得樂趣倒是更為具體。作為工作之餘的一種休息、娛樂，這種郊遊詩的功用與延安幹部們的跳舞看京戲大致類近。

7 《懷安詩社詩選》，頁 65，陝西人民出版社，1980 年。

從懷安詩社成立之初，詩社中人就流露出明顯的追欽古意的傾向。林伯渠在懷安詩社的開篇詩《卅年九月五日，約在延耆老作延水雅集，即日成立‘懷安詩社’，賦呈與會諸君》中唱道：“會文信有托，今古事同欽。”[8]董必武聞懷安詩社成立，欣喜賦詩，有“酬唱懷安古意浮”句，[9]其意趣至少有一部分游離于現實的革命鬥爭之外，是傳統文人一種古老意趣的延續。

延水雅集這一名稱本身，就意味著遠離大眾，背離中國共產黨的意識形態。“懷安”與“雅集”之間也具矛盾，懷安是社會性的，雅集則局限于文人雅士小圈子，這兩個名稱的集合，說明了一小群文人雅士對社會問題的遐想。

對於黨外民主人士地方耆舊，除了自娛，參加詩社寫作舊體詩也是結交當政者的一個途徑。不少黨外民主人士的舊體詩給人的感覺時常類似清客詩，有些詩則令人想起古代頌聖詩，對中國共產黨治下的延安歌功頌德，“唐堯世”，“萬姓生佛”，都出來了。[10]其筆下之延安，似已實現了老懷少安的社會理想，沒有什麼再可改進的了。林伯渠在《解放日報》曾寫文承認中共黨政軍系統內的老者少者能做到老安少懷，黨政軍以外的

8 《懷安詩社詩選》，頁 3，陝西人民出版社，1980 年。

9 《懷安詩社詩選》，頁 4，陝西人民出版社，1980 年。

10 李健侯《呈林主席二首》有句“遙看萬姓迎生佛”，《延城感懷五首》有句“土階再見唐堯世”，《窯台詩話》，頁 24，李木庵編著，湖南人民出版社，1984 年。

邊區普通百姓則“差得遠”，[11]從蕭軍寫於 1941 年的雜文《紀念魯迅：要用真正的業績》所披露的延安幼稚園的亂狀看，延安黨政軍系統的“少懷”情況也“差得遠”，[12]但這“差得遠”在懷安詩中卻完全是相反的表現。懷安詩中的民主人士詩，多是寫給中共高幹看的，其中泰半是中共高幹詩的和詩，這些人年高多智，自然不會做當著和尚罵賊禿的傻事。

李木庵曾有句：“懷安詩壁題詩遍，留作千秋信史材”，[13]流露詩史意識，但懷安詩只批判國民黨，不批評共產黨，對共產黨盡說讚語，搶救運動那麼大的一個運動，懷安詩中卻無半句表現，仿佛這個運動不曾存在。

一些新文學作家如蕭軍寫舊詩，其新舊體文學寫作的功用是截然分開的，舊詩是寫給自己的，是自我的自留地、棲息地，新文學創作則面向社會。

懷安舊體詩表現了濃郁的個人趣味，其內容雖然也涉及工農，但其趣味仍是個人化的，不是依照工農的興趣、閱讀習慣去描寫工農，更談不到詩人自身的工農化大眾化。

懷安詩人的披襟述懷基本相當於小資產階級知識份子甚或封建遺老的自我表現，其襟其懷與工農之襟懷相

---

11 《解放日報》1941 年 10 月 1 日

12 《蕭軍全集》第十一卷，頁 493，華夏出版社，2009 年。原載《解放日報》1941 年 10 月《文藝》第 25 期。

13 《懷安詩社詩選》，頁 18，陝西人民出版社，1980 年。

距甚遠。懷安詩社成員林伯渠和謝覺哉作為邊區政府主席和邊區參議會副議長參加了延安文藝座談會，在文藝講話中遭到批判的小資產階級知識份子的自我表現，在延安文藝座談會後的懷安詩創作中依然故我。懷安舊體詩因其私人寫作性質成為延安文學改造風浪中平靜的一隅。

懷安舊體詩也具備一些新文學的特點，以舊體寫新內容，新時語入詩。王鐵生《個人生產節約計畫》，聞詩題可知詩內容絕不同於古詩。李木庵《延安新竹枝詞》："蹌蹌蹌蹌幹部才，高呼同志笑顏開。半張活幾書盈卷，大禮堂聽報告來。"[14]"幹部""同志"等新名詞躋身詩中，倒也沒什麼不妥。

懷安諸人還曾大力改良詩韻。林伯渠認為懷安詩社作者不宜長時間停滯在舊詩形式內，應求作品通俗化，以起到現實的戰鬥作用；[15]李木庵主張"使舊體詩在革命運動中更好地發揮戰鬥作用，是懷安詩社努力的目標。"[16]言舊體詩的字、句數、格律、平仄，都是束縛性靈心思的桎梏，應廢除，可以不拘五七言，避用生澀字句、隱僻典故，放寬韻腳，把字音相協的韻合併。[17]

懷安詩中還有一類詩被稱為放腳詩。所謂放腳詩，是以介於纏足和天足之間的解放腳，比喻習慣於寫作舊

14 《懷安詩社詩選》，頁 33，陝西人民出版社，1980 年。
15 《窯台詩話》，頁 110，李木庵編著，湖南人民出版社，1984 年。
16 同上注，頁 32。
17 同上注，頁 32。

體詩的詩人創作的拋開舊體詩的部分束縛，但又達不到新詩天然舒展的革新詩。

林伯渠寫過一首放腳詩《割草》：

割草，割草，人人都去割草。
割得鮮草二百斤，折合五十斤乾草，
很快把任務完成了。
劃分地區，免得彼此亂攪。
不犯群眾利益，我們都要記到。
你上那條溝，我上這山峁。
看誰割得快，看誰割得好。
這樣光榮的比賽，正當氣爽秋高。[18]

讀這樣的放腳詩，彷佛回到五四新文學運動之初，胡適寫作《嘗試集》的年代。試比較胡適的《人力車夫》：

"車子！車子！"車來如飛。
客看車夫，忽然心中酸悲。
客問車夫，"你今年幾歲？拉車拉了多少時？"
車夫答客，"今年十六，拉過三年車了，你老別多疑。"

---

18 同注 15，頁 110-111。

……

客人點頭上車，說"拉到內務部西！"[19]

寫作時間相差二十餘年的兩首詩，給人的感覺竟如此相似，半文半白的語言，隱然在身的舊詩詞束縛，一個是在舊時代之末草創新詩，一個是在新詩已有相當成績的新時代再由慣寫舊詩的老人回頭重寫放腳詩，在艾青何其芳已創作出其新詩代表作的四十年代的延安，還出現這種水準的放腳詩，除了對於毛澤東所說的"有些老人不會寫新詩，只會寫舊詩"給出一個確證的實例之外，只能說明延安舊詩圈子的封閉性，這種封閉性不是指它與社會隔絕，不是指它與近在咫尺的新詩圈子全無交流，而是說延安的舊體詩在自娛自樂中已獲得自足。

與中國共產黨建國後五六十年代的舊體詩相比，延安舊體詩更加遠離當時的文學主流，其中一個重要原因是毛澤東在五十年代發表了自己的十數首舊體詩詞，雖然毛澤東仍說不提倡寫舊體詩，但毛澤東高調發表自己的舊體詩這一行為本身，就具有巨大的示範和引領作用。正是在毛澤東詩詞的示範和引領下，原來一直得不到出版機會的懷安詩以革命前輩詩詞的名義終獲出版。[20]在四十年代的延安，因為革命尚未成功，就連毛澤東

---

19 《胡適文集》第九卷，頁 120，北京大學出版社，1998 年，原載 1918 年 1 月 15 日《新青年》四卷第 1 號。

20 中國青年出版社一九六〇年代出版的《十老詩選》在《出版說明》

本人的個人興趣都必須隱藏得更深。據丁玲近距離觀察，毛澤東本人其實比較喜歡一些非大眾化的高雅的古典文學作品，比如李白李商隱的詩，但是因為革命的需要，他不能公開提倡他的個人喜好。[21]而在五六十年代，由於革命已經勝利，這種"革命需要"不如過去緊迫，所以舊體詩能在革命領袖詩的名義下出頭，獲得比延安舊體詩更顯著的一個位置。從這個意義上講，延安舊體詩具有一種在古代舊體詩詞與當代舊體詩詞之間承接和傳遞的作用，雖然這種作用很微弱，就像延安舊體詩在延安文學中的作用一樣。

中寫道："《毛主席詩詞》出版後，青年讀者希望我社編選其他一些革命前輩的詩選以供學習。一九六二年在董老的熱情贊助和具體指示下，著手進行本書的編選工作。"

21 丁玲《延安文藝座談會的前前後後》，載《丁玲自傳》，頁 217-226，江蘇文藝出版社，1996 年。

附録三：

程今吾和延安“抗小”

1944 年春，陶行知的學生兼助手程今吾由重慶調到延安，同年 9 月被任命為八路軍抗屬子弟小學校長兼黨支部書記。陶行知生活教育理念與延安精神的結合，成就了《延安一學校》這本書和這本書描述的這所學校。

在程今吾來延安三年前的 1941 年 8 月，八路軍總後勤部在延安設立“八路軍幹部子弟小學”，收容中共幹部子女及烈士子女入學，是一所兼有保育院和小學性質的學校。最初僅有學生二三十人，後學生增多，學校擴建，校名改為“第十八集團軍抗日軍人家屬子弟小學”，習慣上仍稱“八路軍抗屬子弟小學”，簡稱“抗小”。

“抗小”學生多為中共高幹子女，任弼時之女任遠征、項英之女項蘇雲、之子項學誠、劉伯承之子劉太行、林伯渠之子林用三、羅瑞卿之子羅箭、李維漢之子李鐵映、烏蘭夫之子烏可力、烏傑、薄一波之女薄西瑩等，均曾在“抗小”就讀。下一代在此生活讀書，上一代對“抗小”自然多多關照。“抗小”開辦之初，毛澤東主席、朱德總司令指示：嬌養的想法和做法，不但教育不好孩子們，反而害了他們，一定要從實際出發，在保護孩子們安全健康的基礎上，認真嚴格地教育和鍛煉他們，絕不要嬌養。但實際上中央軍委還是給予“抗小”相對延安其他機關學校更為優厚的物質條件。“抗小”學生的生活標準比延安普通幹部高，當然也高於作為普通幹部的“抗小”教師的標準，常吃大米白麵肥肉，肥肉吃膩了，就倒在豬食缸裏；衣服不但質料較好，樣式也特殊，一律童子軍服，男孩船帽，女孩長裙，被周邊百姓視為貴族學校。“抗小”學生自恃父輩官大，在學校裏，看不起校長、教務主任、教師，視這些比他們的父輩低很多級的幹部為豆大的官，至於炊事員、保姆，就更加不放在眼裏。國民黨封鎖延安以前的一個時期，“抗小”的學生並沒有經常地進行生產勞動，很多學生的勞動觀念、勞動習慣很差，嫌髒怕累，自認為將來要去外國留學，不屑於眼前的生產勞作。

“抗小”成立一年後，即逢延安整風，隨後發展為“搶救運動”，“抗小”亦被席捲。時任校長吳燕生領導開展“搶救運動”，以逼供坦白的方式，查出並拘禁了若干名“特務”教師和“特務”學生，弄得學校人心大亂，嚴重影響了學校正常的教學秩序。

“抗小”發生這種事，中央很是重視，中組部派出工作組進校調查，撤銷了吳燕生的校長職務。1944 年 1 月，新校長封克涵到任，立即著手運動糾偏，宣佈教師和學生中無特務，盡力安撫在“搶救運動”中受到傷害的教師和學生，使學校恢復了正常的教學秩序。

封克涵是 1927 年入黨的老黨員，老紅軍，高小學歷，長期做農運工作，無教學經驗，政治堅定，注重學生的思想教育，針對“抗小”學生的“特權思想”，給學生們灌輸紅軍的革命傳統和思想作風，努力培養學生們熱愛勞動的觀念。結果，革命的名詞術語大道理，灌輸了不少，十歲的孩子，也能滿口“無產階級”“資產階級”“站在黨的立場”，實際上只是鸚鵡學舌，並無心效。

中央鑒於封克涵的工作仍未如人意，管不住這批學生，決定再換校長，此次選中的是剛到延安的陶行知教育學派的幹才、具有豐富教學辦學經驗的程今吾。

程今吾原名程蘊璋，曾用名程潔聲、程今吾、沈文星、寧越，1908 年出生於安徽省嘉善縣的一個山區小鎮，江蘇徐州中學畢業，做過塾師、小學教師，1930 年進入陶知行創辦的南京曉莊師範學習。曉莊師範旨在培養具有“生活力”的鄉村教師，摒棄“兩耳不聞窗外事，一心唯讀聖賢書”的傳統教學方式，適應中國廣大貧困農村的生活環境，將教育和生活緊密結合，教、學、做合一。田間勞動是學生們每天必修的功課，通過自己的勞動獲得必要的生活用品，在勞動的過程中學習知識，“手腦雙揮，在勞力上勞心”。程今吾在曉莊師範學習一年多，成為陶知行生活教育理念的熱情宣傳者和實踐者。此後輾轉於浙江、廣東、安徽、江蘇、廣西、四川等地任教，1938 年加入中共地下黨，其後亦在陶行知創辦的重慶育才學校等處任職。1944 年春調入延安，1944 年 9 月任八路軍抗屬子弟小學校長。

陶行知的生活教育思想，本為適應中國農村貧困的生活環境，而“抗小”位於物資條件較為困乏的西北地方，窘迫於國民黨的物資封鎖，需要自力生產解決一部分衣食教室教具的欠缺，在這種物質條件下產生的“自力更生艱苦奮鬥”傳統，與陶行知的生活教育理念很是契合；但另一方面，相比延安其他單位，相比周邊居民，“抗小”較為優越的物質條件，以及父輩的高位令“抗小”學生自居優越，輕視勞動人民及體力勞動，這種學生雖然一向不是陶行知系學校的主要生源，但這種輕視勞動及勞動人民的品行，卻又是陶行知生活教育思想極力克服的著力所在。所以，選擇程今吾擔任“抗小”校長，可謂善用。

程今吾對實行陶行知生活教育思想有長期的執教經驗和豐富的具體方法。程今吾首先將孩子們納入各種組織，把他們旺盛的精力和智慧引導到積極的有意義的活動中去。在學校教導科的領導下由學生組織一個學生會，下設圖書館長、俱樂部主任、黑板報編輯、服務團長、伙食委員、生產委員，有一種活動事項，就設一個負責的委員，有些部門下面，還有較多的組織，例如俱樂部下面有樂隊、秧歌隊，服務團下面有勤務組、調解組、小護士組、小保管組、小先生組。孩子們根據自己的愛好和特長參加小組活動，在有組織的活動中，建立起孩子們的生活秩序，推動工作學習，培養了孩子們的勞動觀念和為他人服務的觀念，紀律教育也通過這些組織活動來進行。孩子們的頭腦被有益有趣的活動佔據了，學校的風氣為之一變。

與此平行，學校在課餘生產勞動中把學生組織進農業組、紡紗組、養蠶組、圖書裝訂組、木工組、縫補組、泥石工組等生產小組，在不妨礙學生健康學習的前提下，讓孩子們做一些做起來有興趣、有意義的勞動。在生產勞動中，時時把握時機，隨時對孩子們進行勞動、創造、建設方面的思想訓練，讓孩子們體驗到勞動創造一切，勞動者的崇高偉大，剝削階級的可恥可恨，培養正確的勞動態度和勞動紀律。學校還組織學生到周邊農村教婦女識字，組織高年級農業組的學生替缺少勞力的群眾和抗日軍人家屬收割莊稼、打場、挑水、劈柴、掃院子。

學校試行通過孩子們的生活、學習、勞動、遊戲等具體活動來進行階級教育，把階級教育滲透到孩子們的各種具體生活中去。

當時延安機關的伙食標準分為三等：小灶、中灶和大灶，“抗小”學生的伙食標準原來是中灶，高於普通幹部與“抗小”教職員工的大灶，後來“抗小”學生也改為大灶，全校教職員、學生、雜務人員，都在一個灶上吃飯，在“抗小”範圍內取消了伙食等級，為減弱孩子們的等級觀念，增強平等意識，創造了一個小小的基礎。

針對"抗小"學生有看不起伙夫馬夫保姆看不起勞動人民的落後意識，學校就組織孩子們為學校上了年紀的伙夫保姆祝壽，孩子們佈置會場，製作禮物，校長教師帶頭給老人們行禮拜壽，孩子們也稱呼他們爺爺奶奶。此次隆重的祝壽活動，在學生中引起了很深的震動，使孩子們懂得了在革命隊伍中，無論職位高低，都是為人民服務的，每個人都應受到尊重。

1992年，當年"抗小"祝壽活動的壽星之一保育員謝奶奶百歲生日時，當年的學生李鐵映率同"抗小"眾同學為謝奶奶祝壽，可視為程今吾教育理念的脈脈餘香。

程今吾在教學方法上有自己的實踐與想法。他在"抗小"提倡"寓教於樂"的啟發快樂式教學方法，引導出孩子們學習的興趣，發揮他們的想像力，讓學生在輕鬆愉快的氣氛中學到知識，受到教育，打破死板、沉悶、填鴨式的教學法。打破課堂界限，隨處皆可教學。教師通過學生校外散步、旅行及其他各種活動的機會，來鍛煉孩子的造句，引起他們對於周圍各種事物的認識，有時見景生情，趁機講解相關詩文，培養他們作文的興趣和能力。還把自然教學與生產勞動配合起來，教授學生生產知識，像種蔬菜、種莊稼、紡紗、染布、養蠶、養蜂、養雞、種樹，不但講書本知識，還指導學生實地去做。對於學校周邊的植物、動物、各種礦石以及冰雪雲霧日月星辰等各種自然現象，日常生活的各種用品用具，都用來做活的教材。

每一次大的活動，都有組織，有領導，有計劃，有檢查，有討論，有總結，有批評和自我批評，這已經和延安整風後黨政機關的工作模式相當接近了，預先鍛煉了孩子們在未來革命工作中所應該具有的知識、能力和品格。

“抗小”的教師們大都依照自己多年前受教育時所經驗的老辦法，各自以舊學校的、教會學校的、鄉村私塾的、部隊裏面的教育方式教導學生。以延安當時的情況，程今吾沒有條件先做好教師培訓再開展教學，只能依山就勢，在工作中另行設法。程今吾經常召開教學經驗交流會，討論問題，研究工作，一點一滴地改進教師的教學方法，日積月累。具體的教學行動，課程安排，還是放手讓教師自己做，校長從旁觀察，再抽空和教師談心，交流經驗。

“抗小”是一所“保教合一”的學校，既是保育院又是小學，既是學校又是家庭，學校承擔的首要任務是保證學生的安全健康，生活愉快，在保證孩子安全健康的基礎上才談得到提高教學品質。鑒於學生中多有中共重要幹部及烈士的子女，保證學生的健康安全成為學校的頭等大事。程今吾任校長期間，做了大量工作增強學生體質，採取許多預防措施，嚴防意外事故，幾年下來，孩子們個個健康活潑，平平安安。

有一個時期，延安經濟困難，物資缺乏。“抗小”

也和延安其他機關一樣，開展大生產運動，生產主糧副食，以補不足。程今吾校長帶頭，全體員工及高年級農業組的學生一大早山上開荒種地，然後再趕回來上課。

程今吾有個習慣，十分注意工作經驗的總結，每當工作一個階段，完成一項任務之後，他總是盡力把在實踐中積累起來的經驗、心得整理成文，並將經驗提升到一定的理論高度上來。《延安一學校》就是程今吾從 1944 年 9 月至 1946 年 3 月在“抗小”工作經驗的總結，樸實無華地記述了“抗小”師生工作學習的全貌，並將經驗條理化系統化。1946 年 3 月，剛剛卸任“抗小”校長的程今吾，在赴任下一個職務之前，總結近兩年的在校工作經驗，寫出《延安一學校》的初稿。其後胡宗南進攻延安，程今吾隨中央機關行軍千里，沿途修改、整理書稿，最後在到達河北武安縣境時，《延安一學校》終稿。

這本書是一部四平八穩的工作報告，詳細地描述了學校工作的內容，翔實地列舉了學校的工作成績，這些成績也是程今吾作為校長的工作成績，政治工作的成績，生產工作的成績，教學業務的成績，這三者相互結合的成績，以巧妙的教學方法實現了政治工作的目標，以生產工作結合教學實踐，既促進了生產，又活化了教學，總之，寫出來的都是看起來很不錯的實實在在的成績，不能寫的、不方便寫的，則不觸及。“抗小”開展“搶救運動”，那麼大的事，卻沒在書中留下什麼痕跡。多寫自己剛接任時學校有諸多缺陷的狀況，經採取措施後有什麼改善，至於改善之後依然存在的缺點，則輕輕帶過，或者以描述未來改進的願景代替。

此書像所有延安機關當時的宣傳報告一樣，充滿正面、向上的氣氛和工作成績，幾十年後回頭看，歷史顯露出許多當時的宣傳報告所省略的東西，僅僅讀這些宣傳報告，讀者不能理解也想像不出中國後來為什麼會出現反右、大躍進、文革 — 既然延安時的中共如此之好，已改正消除了許多負面的東西，那麼反右、大躍進、文革又是從什麼地方憑空生長出來的呢？此書象同時代描寫延安的其他書籍一樣，未能解答這個疑問。

1947 年冬天，《延安一學校》由晉冀魯豫解放區華北新華書店印刷出版，隨後各解放區紛紛跟進印行。1948 年至 1950 年三年間，新洛陽報社、中原新華書店（寶豐）、上海新華書店、華北新華書店（邯鄲）、太嶽新華書店（沁源）、東北書店（佳木斯）、東北新華書店（哈爾濱）、北京新華書店、蘇北新華書店（揚州）都印行過該書。一時間，《延安一學校》成為展示解放區教育事業的一個範本，影響廣泛，稱得上是一本暢銷書。北京育才學校的歸國華僑黃石志老師，上世紀 50 年代初在海外看到這本書，深受感動之後，毅然回到祖國投身教育事業。

國共內戰爆發後的 1946 年 11 月，“抗小”奉邊區政府命令撤離延安，到安塞縣白家坪併入陝甘寧邊區戰時兒童保育院小學部（簡稱‘延安保小’）。1947 年 5

月，已併入延安保小的原“抗小”的大部分師生由原“抗小”校長郭林率領，渡過黃河，穿呂梁、太行山，歷時數月，行軍兩千多裏，到達河北境內，併入晉冀魯豫邊區邯鄲行知學校，後該校又與晉察冀邊區聯合中學、晉察冀邊區光明小學合併，同時中、小學分開，分別成立華北育才中學和華北育才小學。1949 年夏，華北育才小學遷入北平先農壇，次年秋，更名為北京育才小學，直至今日。